Dinosaurier

und andere Tiere der Vorzeit

Tessloffs Jugendbibliothek in Farbe

Geschrieben und illustriert
von PETER ZALLINGER

Dinosaurier

und andere Tiere der Vorzeit

Tessloff

*Zur Erinnerung an
David Hemingway Parsons (1926—1985)*

Der Autor möchte folgenden Personen für ihre Hilfe bei der Erstellung dieses Buches danken: Dr. John Ostrom, Kurator für Wirbeltierpaläontologie, Peabody Museum für Naturgeschichte Yale Universität, New Haven, Connecticut; Dr. Leo J. Hickey, Direktor und Kurator für Paläobotanik, Peabody Museum für Naturgeschichte, Yale Universität; Robert Allen, Chefpräparator für Wirbeltierpaläontologie, Peabody Museum für Naturgeschichte, Yale Universität; Dr. J. David Archibald, Zoologische Fakultät, Staatl. Universität von San Diego, San Diego, Kalifornien; Dr. Peter Galton, Biologische Abteilung, Universität von Bridgeport, Bridgeport, Connecticut; John Horner, Kurator für Wirbeltierpaläontologie, Museum der Rockies, Staatl. Universität von Montana, Bozeman, Montana; Dr. Wann Langston, Jr., Direktor, Labor für Wirbeltierpaläontologie, Texas Memorial Museum, Universität von Texas, Austin, Texas; Dr. Kevin Padian, Kurator, Museum für Paläontologie, Universität von Kalifornien, Berkeley, Kalifornien; Dr. Bruce H. Tiffney, Kurator der paläobotanischen Sammlungen, Peabody Museum für Naturgeschichte, Yale University und Jean Day Zallinger, Illustrator, New Haven, Connecticut.

© 1987 der deutschen Ausgabe bei Tessloff Verlag, Hamburg
© 1986 der Originalausgabe bei Random House, Inc.

Alle Rechte vorbehalten

Aus dem Amerikanischen von Simone Wiemken

ISBN-3-7886-546-4

Printed in Italy by Vallardi Industrie Grafiche, Mailand

INHALT

Die Triaszeit 23

Vorwort

Heutzutage gibt es keine Dinosaurier mehr. Niemand bezweifelt jedoch, daß es einmal welche gab — und zwar in vielen verschiedenen Formen und Größen. Die Dinosaurier waren eine sehr erfolgreiche Tiergruppe, die auf allen Kontinenten der Erde lebte (nur in der Antarktis wurden noch keine Beweise für ihr Vorkommen gefunden) und sich einer großen Vielzahl von Lebensbedingungen angepaßt hatte. Dinosaurier waren zweifellos die „königliche Familie" der Archosaurier. Diese Großsaurier bildeten eine Reptiliengruppe, die nach Meinung der meisten Experten einen fortschrittlicheren Körperbau besaß als Reptilien wie Schildkröten, Echsen und Schlangen. Zu den Archosauriern gehören die heute lebenden Krokodile und Alligatoren ebenso wie alle Dinosaurier, ihre Vorfahren, die Thecodontier (Urwurzelzähner), und die Flugsaurier (Pterosaurier). All diese Tiere sind ausgestorben. Daß auch die Vögel — nach Ansicht vieler Wissenschaftler — eng mit den Archosauriern verwandt sein sollen, ist nur schwer vorstellbar. Noch überraschender ist die Theorie einiger Experten, der zufolge die Vögel direkt von den Dinosauriern abstammen. Das klingt unwahrscheinlich, da wir wissen, daß die Dinosaurier vor ungefähr 65 Millionen Jahren ausstarben und keine Nachfolger hinterließen.

Das ist die Ansicht, die lange Zeit allgemein anerkannt wurde. Die Ergebnisse neuerer Untersuchungen lassen jedoch Zweifel an ihrer Richtigkeit aufkommen, und ich gehöre zu denen, die die Diskussion über dieses Thema wieder in Gang gebracht haben. Meine Beschäftigung mit *Archäopteryx*, dem ältesten bekannten fossilen Vogel, und einigen fleischfressenden Dinosauriern, vor allem mit *Deinonychus* und seinen Verwandten *Ornitholestes* und *Compsognathus*, überzeugte mich davon, daß *Archäopteryx* direkt von dieser Dinosaurier-Gruppe abstammt. Manche Wissenschaftler, die mit dieser Theorie übereinstimmen, gehen sogar noch einen Schritt weiter. Sie sind der Meinung, daß *Archäopteryx* nicht nur ein Vogel war — sondern auch ein „gefiederter Dinosaurier". Obwohl *Archäopteryx* vor ungefähr 150 Millionen Jahren auf dem Höhepunkt des Dinosaurier-Zeitalters lebte, scheint mir diese Behauptung doch etwas zu weit zu gehen.

Die Diskussion darüber, ob die Vögel mit den fleischfressenden Dinosauriern oder mit anderen Tierarten eng verwandt sind, ist noch im Gange. Manche Wissenschaftler vermuten, daß die Vögel von den Vorfahren der Dinosaurier, den Thecodontiern, abstammen. Andere wiederum sind der Meinung, daß die Vorfahren der Vögel den Krokodilen nahestanden. Ob *Archäopteryx* nun der direkte Vorfahr der heutigen Vögel war oder nicht, zweifelt jedoch kaum jemand daran, daß er ein Vogel war. Die meisten Wissenschaftler stimmen darin überein, daß er einigen fleischfressenden Dinosauriern sehr ähnlich war — besonders den Coelurosauriern. Nur wenn die Suche nach mehr Fossilien, mehr Exemplaren von *Archäopteryx*, fortgesetzt wird, kann entschieden werden, welche Hypothese die richtige ist.

Als Paläontologe weiß ich genau, was in dieser Hinsicht getan werden muß. Um wichtige, aussagekräftige Beweise zu finden, müssen wir die Suche auf bestimmte Gebiete konzentrieren. *Archäopteryx* zum Beispiel lebte in der Oberen Jurazeit. Also ist es nur sinnvoll, Expeditionen in solche Gebiete der Erde vorzunehmen, in denen es noch Sedimentgesteine aus dieser Zeit gibt. Der nächste Schritt ist die Entscheidung darüber, in welchem dieser Gebiete die Wahrscheinlichkeit eines Fundes am größten ist. Nachdem man sich für ein bestimmtes Gebiet, zum Beispiel den Südosten Wyomings, entschieden hat, muß die Expedition organisiert werden. Es müssen genügend Teilnehmer für alle anfallenden Arbeiten ausgewählt werden: Geologen, die Gesteine beurteilen können; Aufseher, mit einem scharfen Blick für zum Vorschein kommende Bruchstücke von Fossilien; Arbeiter, die mit Hacke und Schaufel nach den Fossilien graben; Packer, die genau wissen, wie die empfindlichen Fossilien für den Transport ins Labor des Museums verpackt werden müssen; und nicht zuletzt ein guter Koch, der alle bei guter Laune hält. Fossilien werden selten in der Nachbarschaft eines Museums gefunden — sie scheinen immer in den abgelegensten Gegenden aufzutauchen und müssen oft große Strecken zum nächsten Lastwagen oder Geländefahrzeug getragen werden.

Es wurde eine Entdeckung gemacht! An der Flanke des Hügels dort drüben kann ich Knochenstücke sehen. Mit meinem Assistenten Grant Meyer eile ich zum Fundort. Die Stücke sind gut erhalten und lassen sich ohne weiteres als die Krallen und Handknochen eines kleinen fleischfressenden Dinosauriers identifizieren. Dies war einer meiner wichtigsten Funde — die Entdeckung von *Deinonychus*. Unglücklicherweise hatten wir an diesem Nachmittag im Jahr 1964 die für umfangreiche Ausgrabungen notwendige Ausrüstung nicht dabei und mußten uns deshalb auf die freigelegten und die direkt unter der Oberfläche befindlichen Knochenteile beschränken. Weitere Ausgrabungen mußten bis zum nächsten Sommer warten. In den folgenden Jahren wurden von der Yale Universität in jedem Sommer Expeditionen zur *Deinonychus*-Fundstelle unternommen, und jedesmal gruben wir mit großer Vorsicht Hunderte von zerbrechlichen Knochen dieses ungewöhnlichen Dinosauriers aus. Sie wurden behutsam eingepackt und an mein Laboratorium in Yale geschickt, wo sie ausgepackt und von erfahrenen Spezialisten des Peabody Museums präpariert wurden. Nachdem endlich alle Fossilien aus den sie umgebenden Gesteinsschichten herausgelöst worden waren, war uns allen klar, daß dies ein sehr ungewöhnliches Tier gewesen sein mußte. In mancher Hinsicht ähnelte es gewissen Dinosauriern, die wir schon kannten — in anderer Hinsicht unterschied es sich jedoch völlig von allem, was bisher gefunden worden war. Zum Beispiel hatte dieses Tier an jedem Hinterfuß eine lange scharfe Kralle — eine stark gebogene Kralle zum Töten der Beute. Dieses besondere Merkmal veranlaßte mich, diesem neuen Tier den Namen *Deinonychus* — „schreckliche Kralle" — zu geben. Auf Seite 62—63 ist zu sehen, wie sich der Zeichner Peter Zallinger dieses Tier vorstellt.

Deinonychus war für mich in mehr als einer Hinsicht ein glücklicher Fund. Es war nicht die erste und auch nicht die letzte Entdeckung, aber sie brachte neue Beweise für eine bisher nicht bekannte Tierart. Der ungewöhnliche Körperbau dieses Tieres veranlaßte uns, eingehender darüber nachzudenken, was für seltsame Tiere die Dinosaurier wohl gewesen sein mochten: wie sie gelebt und wie ihre Körper funktioniert hatten. So überzeugte mich zum Beispiel der Körperbau von *Deinonychus*, einem Tier, das nicht auf allen vieren, sondern nur auf den Hinterbeinen laufen konnte, daß er und vielleicht auch andere, eng mit ihm verwandte Dinosaurier ganz besonders aktive Tiere gewesen sein müssen — ebenso wie die heute lebenden Vögel und viele Säugetiere. Woraus ich dies schließe? Aus den schrecklichen Krallen an seinen Hinterfüßen — Hinterfüßen, die normalerweise zum Laufen oder zum Anspringen der Beute benutzt werden. Aber *Deinonychus* muß mit diesen Krallen auch getötet haben.

Diese Überlegung führte zu der Vermutung, daß *Deinonychus* und vielleicht auch andere Dinosaurier keine Kaltblüter waren wie die heutigen Krokodile, Echsen und Schildkröten, sondern möglicherweise Warmblüter wie die heute lebenden Vögel und Säugetiere — und damit fähig zu einem überaus aktiven Leben. Wie kann diese Vermutung bewiesen werden? Nicht durch Experimente mit lebenden Dinosauriern, denn wie wir wissen, gibt es keine mehr. Die einzige Möglichkeit ist die Suche nach mehr Dinosauriern und die gewissenhafte Untersuchung ihrer Überreste. Wir müssen weitersuchen; unsere Neugier verlangt nach Antworten. Deshalb werden fast jedes Jahr Expeditionen von Institutionen wie dem British Museum in London, der Sowjetischen Akademie der Wissenschaften, dem Paläontologischen Institut in China, dem American Museum of Natural History in New York, der Smithsonian Institution in Washington D.C. und gelegentlich auch von meinem Museum, dem Peabody Museum der Yale Universität, unternommen. Dies sind nur ein paar der Forschungszentren in aller Welt, die nach Dinosauriern suchen — ohne sie wüßten wir nichts über die Lebewesen, die in diesem Buch beschrieben werden. Seine Lektüre ist eine Expedition ins Reich der Dinosaurier.

JOHN H. OSTROM
*Professor der Geologie und Kustos für
Wirbeltier-Paläontologie, Yale Universität*

Einführung

Im Jahre 1841 beschrieb der junge britische Wissenschaftler Richard Owen einen völlig neuen „Stamm" altertümlicher Tiere, von denen nur ein paar versteinerte Knochen und Zähne bekannt waren. Die Überreste dieser Tiere ähnelten denen der großen, im Wasser lebenden Reptilien des Mesozoikums (des Zeitalters der Reptilien). Daß sie jedoch offensichtlich Landbewohner gewesen waren, erkannte Owen am Bau ihres Beckens: mehrere miteinander verwachsene Rückenwirbel und die Beckenknochen bildeten zusammen eine kräftige und starre Struktur. Dieses Merkmal deutete ebenso wie die Form der Beine und Füße darauf hin, daß die Tiere sich auf dem Land und nicht im Wasser fortbewegten. Aufgrund seines Fundes schlug Owen vor, unter den Reptilien des Mesozoikums eine neue Unterabteilung einzurichten, die er Dinosaurier, „schreckliche Echsen" nannte.

Zwei Gruppen von Dinosauriern

1887 teilte ein anderer britischer Wissenschaftler, Harry Govier Seeley, die Dinosaurier in zwei Gruppen auf: in die Ordnung Saurischia (wegen ihres echsenähnlichen Beckens auch Echsenbecken-Dinosaurier genannt) und die Ordnung Ornithischia (wegen des vogelähnlichen Beckens auch Vogelbecken-Dinosaurier) (Seite 14—17). Spätere Untersuchungen haben ergeben, daß zwischen den beiden Ordnungen noch viele andere Unterschiede und eine ungeheure Vielfalt von Besonderheiten bestanden.

Das Wort *Dinosaurier*, immer noch ein geläufiger Begriff, wird in der heute üblichen Klassifikation nicht mehr benutzt. Paläontologen — die Wissenschaftler, die sich mit prähistorischen Tieren beschäftigen — fragen sich gegenwärtig, wie eng miteinander verwandt Saurischier und Ornithischier wirklich waren. Sie hatten zwar dieselben Vorfahren, aber die Ordnungen Pterosauria (Flugsaurier) und Crocodilia (Krokodile) stammen gleichfalls von diesen Vorfahren ab. Es wird sogar bezweifelt, ob die Ordnung Saurischia als natürliche Gruppierung betrachtet werden kann, da es keine Besonderheit im Knochenbau gibt, die allen Saurischiern gemeinsam ist und die nur sie besitzen. Andererseits besaßen alle Ornithischier ein Merkmal, das bei Wirbeltieren normalerweise nicht vorkommt: ein einzelner Knochen (das Prädentale), der die beiden Unterkieferknochen (die Dentalen) überdeckt und die Kinnspitze bildet.

Klassifikation der Pflanzen und Tiere

Ein zur Zeit benutztes System der Klassifikation (siehe Kasten auf der nächsten Seite) unterteilt die Klasse der Reptilien in die vier Unterklassen Anapsida, Synapsida, Eurapsida und Diapsida. Die Tiere unterscheiden sich durch das Vorhandensein und die Anordnung von Öffnungen an der Seite des Schädels hinter den Augenhöhlen (Schläfen- oder Temporalöffnungen) voneinander. Die Diapsiden haben auf jeder Seite des Schädels zwei dieser Öffnungen. Zu ihnen gehören die Archosaurier oder Großsaurier. Diese dominierende Reptiliengruppe unterscheidet sich von den anderen Diapsiden (zu deren modernen Vertretern Echsen, Schlangen und die Brückenechse gehören) in erster Linie durch eine weitere Schädelöffnung vor jedem Auge.

Zur Überordnung der Archosaurier gehören fünf Ordnungen: Thecodontia (Urwurzelzähner), Pterosauria (Flugsaurier), Saurischia (Echsenbecken-Dinosaurier), Ornithischia (Vogelbecken-Dinosaurier) und Crocodilia (Krokodile) (Seite 14—17).

Die Entwicklung der Dinosaurier und anderer Archosaurier

Die ersten Archosaurier (Ordnung Thecodontia) entwickelten sich vor mehr als 225 Millionen Jahren (Seite 26—27). Die Thecodontier mußten mit einer großen, weitverbreiteten Gruppe von säugetierähnlichen Reptilien, den Therapsiden, konkurrieren (Seite 13). Doch um die Mitte der Triaszeit (dem ersten Abschnitt des Mesozoikums) herrschten die Thecodontier vor.

Wissenschaftler schreiben ihren Erfolg einer verbesserten Körperhaltung zu. Die Thecodontier zeigten nämlich, im Gegensatz zu den Therapsiden, eine zunehmende Tendenz zu einer aufrechten Haltung mit näher an den Rumpf gezogenen Ellenbogen- und Kniegelenken. Beim Laufen waren ihre Körper weit vom Boden entfernt, die Füße befanden sich fast genau unter dem Körper, und ihre Hinterbeine waren wesentlich länger als die Vorderbeine. Einige Thecodontier der Unterordnung Pseudosuchia, die direkten Vorfahren der anderen Archosaurier-Ordnungen, waren biped (das heißt, sie liefen nur auf den Hinterfüßen) und rannten auf Zehenspitzen.

Dinosaurier zeigten eine „voll verbesserte Gangart". Die meisten Reptilien kriechen mit seitlich vom Körper abstehenden Gliedmaßen voran. Die Oberschenkelknochen der Dinosaurier waren jedoch ähnlich geformt wie die des Menschen, und sie liefen wie moderne Säugetiere oder Vögel. Vergleichbare Verbesserungen waren auch am Schultergürtel zu finden.

Pflanzen und Tiere sind in ein Klassifikationssystem eingeordnet, das sie in eine geordnete Beziehung zueinanderbringt. Als Beispiel dient die Klassifikation des berühmten *Tyrannosaurus rex* in Gruppen mit nach unten abnehmender Bedeutung:

Reich — Tier

Stamm — Chordatier

Unterstamm — Wirbeltier

Klasse — Reptilia

Unterklasse — Diapsida

Überordnung — Archosauria

Ordnung — Saurischia

Unterordnung — Theropoda

Infraordnung — Carnosauria

Familie — Tyrannosauridae

Gattung — Tyrannosaurus

Art — rex

Waren Dinosaurier Warmblüter?

Im Jahre 1969 wurde die weitverbreitete Vorstellung vom kaltblütigen, schwerfälligen Dinosaurier von Professor John Ostrom von der Yale Universität angezweifelt. Kaltblütige Tiere sind darauf angewiesen, daß die Sonne ihre Körpertemperatur steigen läßt, während Warmblüter eine konstante Körpertemperatur haben, die von der Außentemperatur unabhängig ist. Dr. Ostrom vermutet, daß einige Dinosaurier, besonders die kleineren zu den Saurischiern gehörenden Theropoden, echte Warmblüter gewesen sein könnten. Er verwies auf die Zusammenhänge, die bei manchen neuzeitlichen Tieren zwischen hohem Stoffwechsel (den chemischen Vorgängen im Körper, die Energie erzeugen), konstanter Körpertemperatur und aufrechter Körperhaltung bestehen.

Kürzlich haben einige Paläontologen die Überzeugung geäußert, alle Dinosaurier seien echte Warmblüter gewesen und hätten hohe, gleichbleibende Körpertemperaturen gehabt, die durchaus mit denen moderner Säugetiere und Vögel zu vergleichen wären. Einige dieser Wissenschaftler würden die Dinosaurier gern aus der Klasse der Reptilien ausklammern und für sie eine neue Klasse einrichten. Diese Klassifikation würde so aussehen:

Klasse Dinosauria

Ordnung Saurischia (Echsenbecken-Dinosaurier)
Ordnung Ornithischia (Vogelbecken-Dinosaurier)
Ordnung Aves (Vögel)

Argumente für und gegen die Warmblütigkeit der Dinosaurier finden sich auf den Seiten 18—21.

Arbeiten mit Fossilien

Fossilien geben Aufschlüsse über Lebensformen aus Hunderten von Millionen Jahren. Je mehr versteinerte Überreste von prähistorischen Pflanzen und Tieren gefunden werden, desto mehr erfahren die Wissenschaftler über die Lebewesen, von denen die Fossilien stammen, und können ihre Theorien den neuesten Erkenntnissen entsprechend abwandeln.

Die Klassifikation von Fossilien ist ein schwieriger und bis zu einem gewissen Grade willkürlicher Vorgang. Bei den neuzeitlichen Tieren ist es kein Problem, ein Reptil von einem Säugetier oder einem Vogel zu unterscheiden, da sie sich im Laufe von Jahrmillionen ganz unterschiedlich entwickelt haben. Die Klassifikation der modernen Arten beruht auf ihrer Anatomie *und* den Vorgängen in ihrem Körper, ihrem Verhalten, der Art ihrer Fortpflanzung und dergleichen mehr. Informationen dieser Art sind bei Fossilien natürlich nicht zu finden. Einige Fossilien sind Beispiele für Übergangsstadien zwischen zwei Gruppen und weisen Merkmale von beiden auf, während es bei vielen anderen überhaupt keine Beziehungen zu neuzeitlichen Lebewesen gibt. In diesen Fällen kann die Klassifikation oft nur anhand von bruchstückhaften Überresten des Skeletts erfolgen. Aber eine Klassifikation ist für Paläontologen unentbehrlich. Ihre Aufgabe ist es nicht nur, eine einzelne Art zu beschreiben, sondern ihr auch einen Platz in der Entwicklungsgeschichte der Lebewesen zuzuweisen und ihr Verhältnis zu allen anderen Lebewesen festzustellen. Hierdurch werden bestimmte Informationen gewonnen, die das Fossil allein nicht liefern kann und unser Wissen um die Geschichte des Lebens auf der Erde wird vertieft.

Wenn der versteinerte Teil eines Tieres einer bestimmten Klasse zugeordnet wird, neigen wir leider dazu, bei diesem Tier automatisch alle Merkmale der modernen Vertreter dieser Klasse zu erwarten. Da alle Archosaurier aufgrund gewisser Ähnlichkeiten im Knochenbau und den Zähnen als Reptilien klassifiziert werden, liegt die Vermutung nahe, daß die anderen Systeme (zum Beispiel Kreislauf-, Verdauungs- und Nervensystem) ebenso beschaffen waren wie die der heutigen Reptilien und daß sich alle Großsaurier, die dominierende Reptiliengruppe, ebenso verhalten haben wie die heutigen Echsen, Schildkröten und Krokodile.

In der Vergangenheit wurden Dinosaurier meist als schwerfällige Giganten abgestempelt, die Spatzengehirne hatten und kaum in der Lage waren, ihre massigen Körper vorwärtszuschleppen. Es ist richtig, daß viele von ihnen im Verhältnis zu den enorm großen Körpern sehr kleine Gehirne hatten, aber einige der kleineren Dinosaurier hatten große Schädelhöhlen, die auf ein hohes Maß an Intelligenz und Koordinationsfähigkeit schließen lassen, das vielleicht sogar dem der modernen

Vögel entsprach. Aus den Fossilien heraus lassen sich auch Schlüsse über das Sozialverhalten der Dinosaurier ziehen, zum Beispiel über den Herdentrieb und die Nistgewohnheiten — Verhaltensweisen, die wir normalerweise nur mit Säugetieren und Vögeln in Verbindung bringen.

Die Entwicklung der Vögel

Der erste bekannte Vogel, *Archäopteryx*, erschien vor etwa 150 Millionen Jahren. Mehrere Exemplare wurden in feinen Kalksteinablagerungen in der Nähe von Solnhofen in Deutschland gefunden. Abgesehen von den deutlichen Abdrücken der Federn sind diese Fossilien praktisch identisch mit denen kleiner Theropoden (bipeder Fleischfresser), der Coelurosaurier (Seite 28). Die Federn deuten auf Warmblütigkeit hin; sie isolieren den Körper. Bei kaltblütigen Tieren würde ein isolierendes Gefieder nur stören, da ihre Körpertemperatur von einem ungehinderten Wärmeaustausch mit der Umgebung abhängt. Nur die Warmblüter brauchen eine Isolierung.

Die Paläontologen stimmen darin überein, daß die Vögel von den Thecodontiern, den frühesten Archosauriern, abstammen. Die vorherrschende Meinung ist jedoch, daß sich Dinosaurier und Vögel unabhängig voneinander aus den Pseudosuchiern entwickelten, und daß alle Ähnlichkeiten das Ergebnis von Entwicklungskonvergenzen sind. Als Konvergenz bezeichnet man die Tatsache, daß nicht oder nur sehr entfernt miteinander verwandte Tiere meist durch Anpassung an ähnliche Umweltbedingungen ähnliche Merkmale entwickeln. Die Flossen von Delphinen und Fischen zum Beispiel ähneln sich in Aussehen und Funktion, doch die Flossen der Delphine entwickelten sich aus Beinen, die der Fische sind ursprünglich Flossen. Dr. Ostrom dagegen ist der Ansicht, daß die Ähnlichkeiten zwischen *Archäopteryx* und den Coelurosauriern zu zahlreich und zu eindeutig sind, als daß es sich nur um Konvergenzen handeln könnte. Seiner Meinung nach stammen die Vögel direkt von den Coelurosauriern ab.

Das Aussterben

Gegen Ende des Mesozoikums gab es ein Massensterben unter den Tieren. Unzählige Lebensformen gingen zugrunde. Anscheinend geschah vor 65 Millionen Jahren etwas, das das Gesicht der Erde veränderte. Was damals passierte, weiß niemand. Es gibt keine schlüssige Theorie, die zufriedenstellend erklärt, warum so viele Tiergruppen ausstarben oder warum andere Gruppen überlebten.

Es gibt viele Theorien, die das relativ plötzliche Aussterben der Dinosaurier (und Pterosaurier) zu erklären versuchen. Viele Leute sind der falschen Auffassung, daß die Dinosaurier ausstarben, weil sie einfach lebensuntauglich waren. Doch die Dinosaurier beherrschten fast 140 Millionen Jahre das Land — sie waren die erfolgreichsten Landwirbeltiere in der Geschichte der Erde. Das Aussterben ist notwendig für den normalen Vorgang der Evolution; ohne solches Aussterben gäbe es keine Entwicklung von einfachen zu höher entwickelten Formen. Es ist ein ökologisches Phänomen, die Folge einschneidender Veränderungen in dem Verhältnis, das zwischen einem Lebewesen und seiner Umwelt besteht.

Schließlich muß auch die Möglichkeit in Betracht gezogen werden, daß die Dinosaurier zu den Überlebenden gehörten. Wenn die Vögel tatsächlich von den Coelurosauriern abstammen, dann sind die Dinosaurier nicht wirklich ausgestorben. Dr. Ostrom drückt es so aus: „Die Dinosaurier starben nicht aus. Sie flogen einfach davon."

SÄUGERÄHNLICHE REPTILIEN

Erfolgreiche, säugetierähnliche Reptilien (Synapsiden), die Pelycosaurier und Therapsiden, waren vor und während des Erscheinens der ersten Archosaurier vorherrschend.

Pelycosaurier

Eine der frühesten Hauptgruppen, die sich aus den ersten Reptilien entwickelte, war die Ordnung Pelycosauria (Urraubsaurier). Schädel und Zähne dieser ältesten Synapsiden zeigen säugetierähnliche Merkmale. *Dimetrodon* lebte vor ungefähr 265 Millionen Jahren, wurde bis zu 3,7 Meter lang und war der vorherrschende Fleischfresser seiner Zeit. Nur wenige Pelycosaurier trugen ein Rückensegel wie *Dimetrodon*. Die Funktion des Rückensegels ist unbekannt; möglicherweise diente es zum Regulieren der Körpertemperatur. *Dimetrodon* könnte eng mit den Vorfahren der Therapsiden verwandt sein.

Dimetrodon

Therapsiden

Die Therapsiden, höherentwickelte säugetierähnliche Reptilien, traten nach den Pelycosauriern auf und lebten in der Mittleren Triaszeit. Während des größten Teils dieser Periode waren sie die vorherrschenden Landwirbeltiere. *Cynognathus* war ein großer Fleischfresser, der während der Unteren Triaszeit in Südafrika lebte. Fleischfressende Therapsiden wie *Cynognathus* wiesen im Knochenbau und den Zähnen viele Merkmale auf, die auch bei neuzeitlichen Säugetieren zu finden sind; vermutlich sind die Therapsiden ihre direkten Vorfahren. Die ersten Säugetiere entwickelten sich in der Oberen Triaszeit, und zum Ende dieser Zeit waren die Therapsiden fast ausgestorben. Zu Beginn der folgenden Jurazeit lebte nur noch eine kleine Gruppe pflanzenfressender Therapsiden, die dann aber auch bald ausstarb.

40 Zentimeter langer *Cynognathus*-Schädel.

Cynognathus

Manche Wissenschaftler sind der Ansicht, daß die Therapsiden wie *Cynognathus* warmblütig und behaart waren.

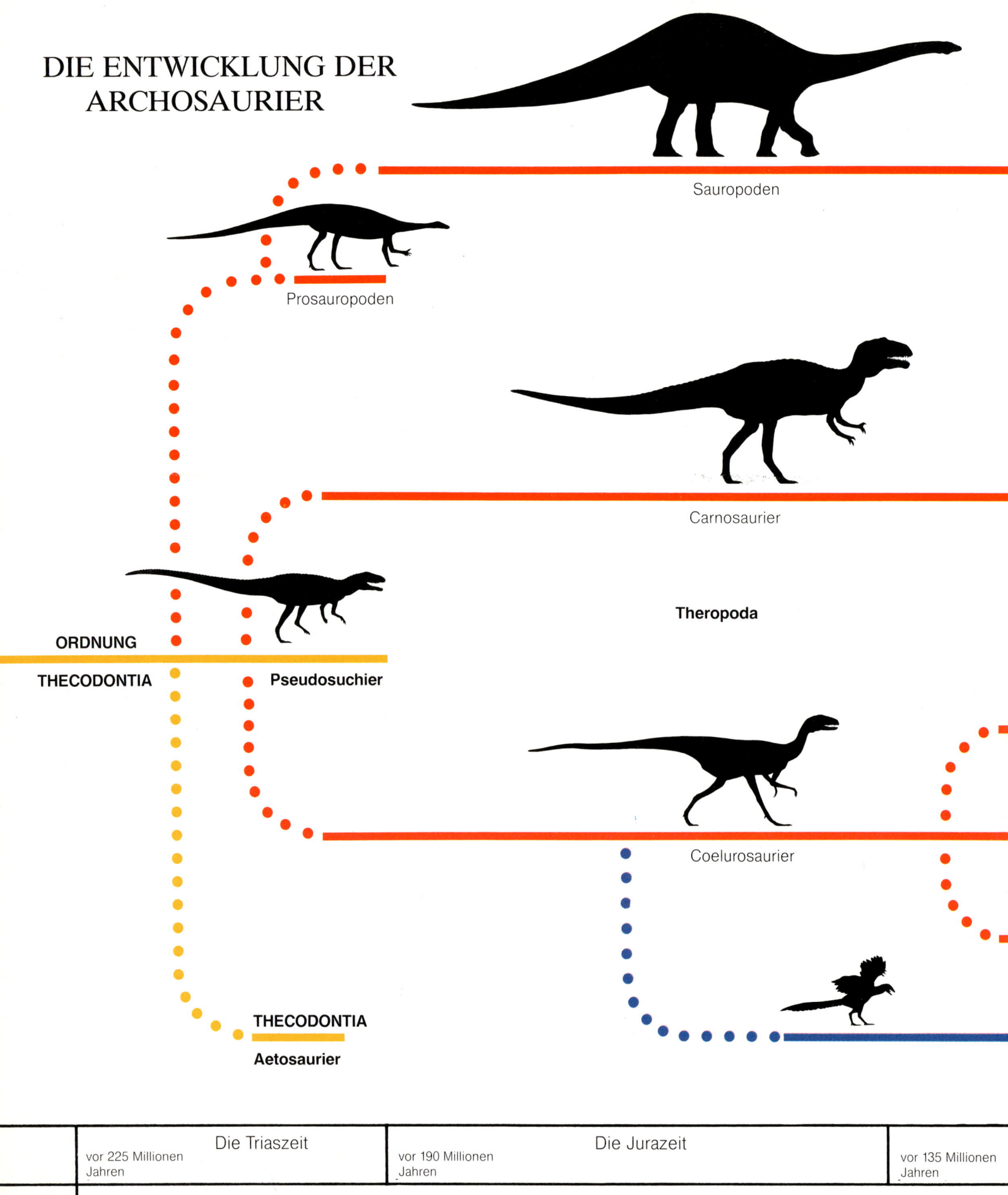

DIE ENTWICKLUNG DER ARCHOSAURIER

Sauropoden

Prosauropoden

Carnosaurier

Theropoda

ORDNUNG

THECODONTIA   **Pseudosuchier**

Coelurosaurier

THECODONTIA

Aetosaurier

	Die Triaszeit		Die Jurazeit	
	vor 225 Millionen Jahren		vor 190 Millionen Jahren	vor 135 Millionen Jahren
		Mesozoikum		

Sauropodomorpha

Segnosaurier

Deinocheirosaurier

Ornithomimosaurier

Deinonychosaurier

KLASSE

AVES (VÖGEL)

Ordnung Saurischia

Die Ordnung der Saurischier (Echsenbecken-Dinosaurier) enthält zwei Unterordnungen: Theropoda (Raubtierfuß-Dinosaurier) und Sauropodomorpha (Elefantenfuß-Dinosaurier). Theropoden waren biped (sie liefen nur auf den Hinterbeinen) und ernährten sich von Fleisch.

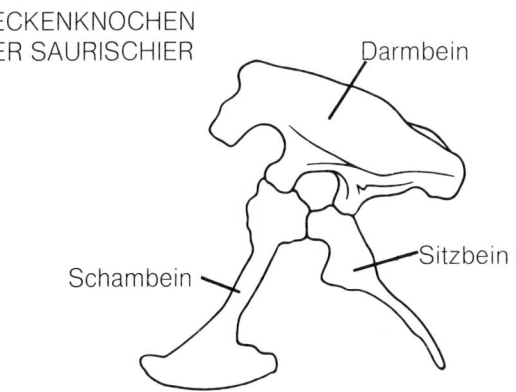

BECKENKNOCHEN
DER SAURISCHIER

Darmbein

Schambein

Sitzbein

Sauropodomorphen dagegen waren Pflanzenfresser und bewegten sich quadruped (auf allen vieren).

Das Becken der Saurischier hat die für Reptilien typische Form: Das Schambein zeigt nach vorn und unten und das Sitzbein nach hinten und unten. Die beiden Knochen stehen in einem für Saurischier typischen großen Winkel zueinander.

Gepunktete Linien bezeichnen vermutete Verwandtschaftsbeziehungen innerhalb des Archosaurier-Stammbaums.

Die Kreidezeit	vor 65 Millionen Jahren	
Mesozoikum		Känozoikum

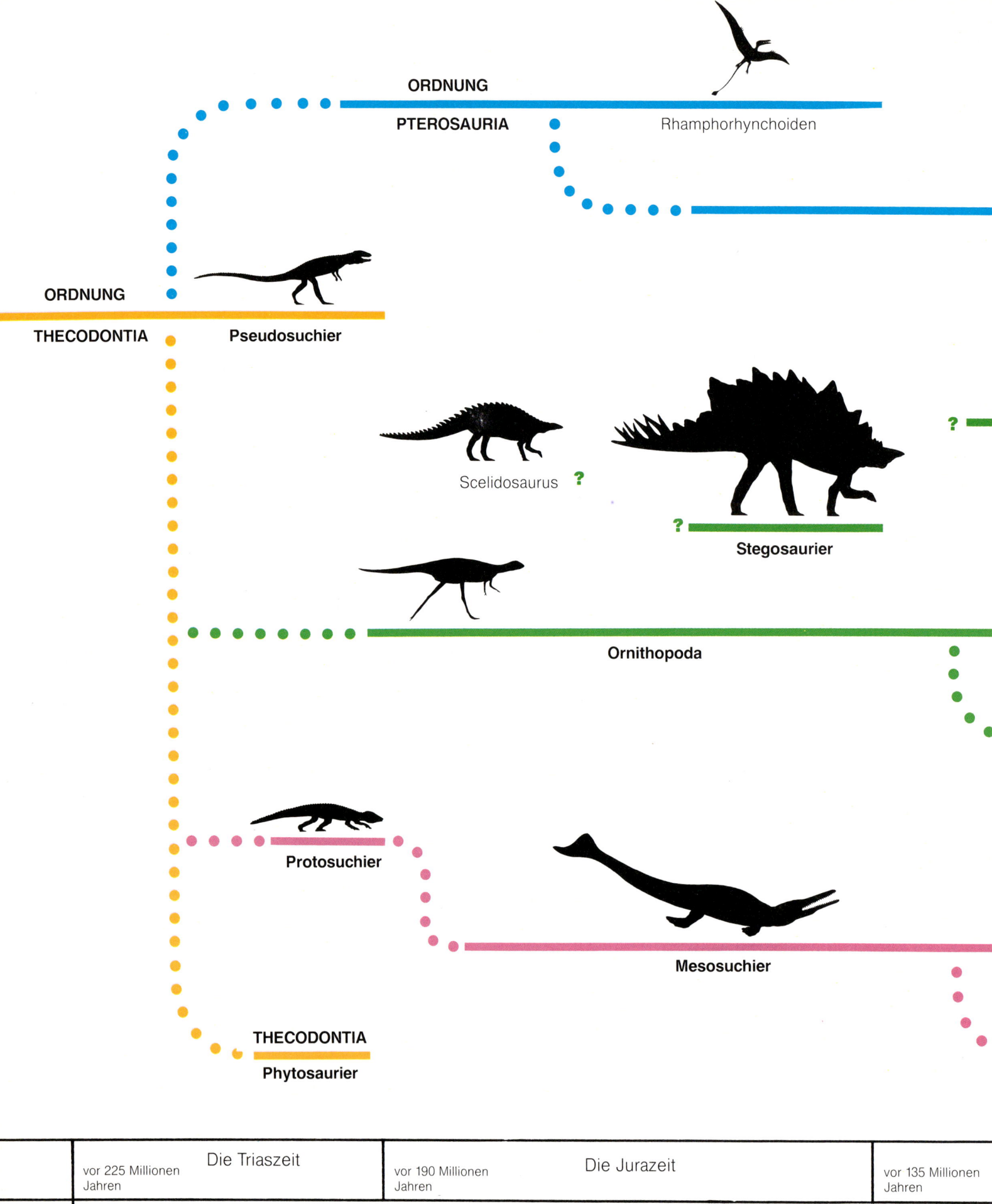

ORDNUNG

PTEROSAURIA Rhamphorhynchoiden

ORDNUNG

THECODONTIA Pseudosuchier

Scelidosaurus **?**

? Stegosaurier

Ornithopoda

Protosuchier

Mesosuchier

THECODONTIA
Phytosaurier

	Die Triaszeit		Die Jurazeit	
	vor 225 Millionen Jahren	vor 190 Millionen Jahren		vor 135 Millionen Jahren

Mesozoikum

Pterodactyloiden

Ordnung Ornithischia

Die Ordnung der Ornithischier (Vogelbecken-Dinosaurier) enthält mindestens vier Unterordnungen: Ornithopoda (Vogelfuß-Dinosaurier), Stegosauria (Stachel-Dinosaurier), Ankylosauria (Panzer-Dinosaurier) und Ceratopsia (Horn-Dinosaurier).

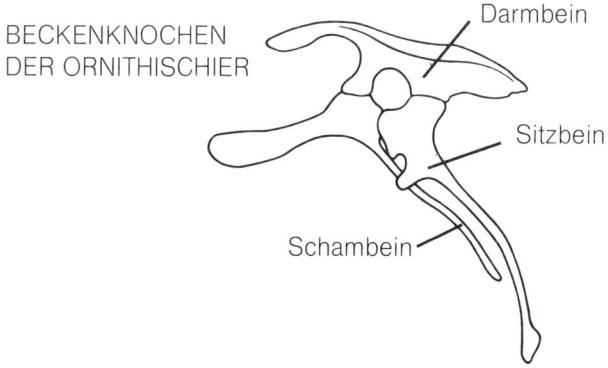

BECKENKNOCHEN DER ORNITHISCHIER

Darmbein

Sitzbein

Schambein

Ankylosaurier

Das Becken der Ornithischier ist ähnlich aufgebaut wie das der Vögel. Das Schambein ist nach hinten gerichtet und verläuft parallel zum Sitzbein.

Gepunktete Linien bezeichnen vermutete Verwandtschaftsbeziehungen innerhalb des Archosaurier-Stammbaums.

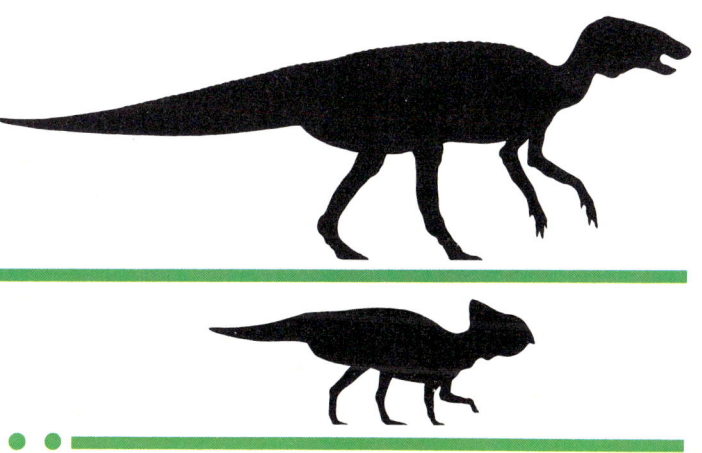

Ceratopsier

ORDNUNG CROCODILIA

?

Eusuchier

Die Kreidezeit	vor 65 Millionen Jahren	
Mesozoikum		Känozoikum

Kaltblüter oder Warmblüter?

Tiere werden oft als „kaltblütig" oder „warmblütig" bezeichnet. Die wissenschaftlichen Ausdrücke hierfür stammen aus dem Griechischen und lauten exotherm (Wärme von außen) und endotherm (Wärme von innen).

Kaltblütige Tiere nehmen Wärme aus ihrer Umgebung auf. Um sich aufzuwärmen, bewegen sie sich ins Sonnenlicht, und zum Abkühlen in den Schatten.

Bei warmblütigen Tieren wird die Körpertemperatur innerhalb des Körpers reguliert. Sie fressen wesentlich mehr als Kaltblüter und wandeln einen Teil der Nahrung in Wärmeenergie um.

Neuzeitliche Säugetiere und Vögel erzeugen ihre eigene Körperwärme, wogegen die Körpertemperatur von Reptilien von der sie umgebenden Luft abhängt. Die als Reptilien klassifizierten Dinosaurier wurden lange Zeit für Kaltblüter gehalten. Heutzutage sind jedoch manche Wissenschaftler der Ansicht, daß die Dinosaurier oder zumindest einige von ihnen Warmblüter gewesen sein könnten. Die folgenden vier Seiten liefern Argumente für und gegen diese Theorie.

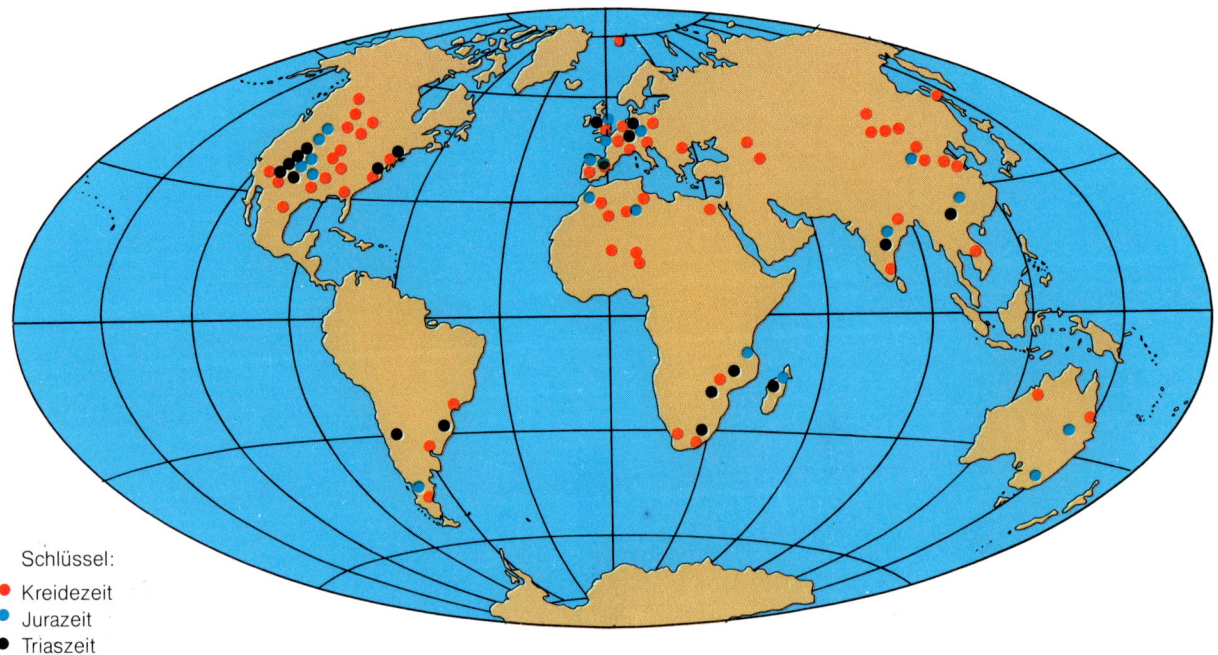

Geographische Verbreitung

Die heutigen Archosaurier, die Krokodile, leben ausschließlich in den tropischen und subtropischen Breiten am Äquator. Fossilien von Dinosauriern wurden jedoch auf allen Kontinenten mit Ausnahme der Antarktis gefunden — von den kühlen Südspitzen Afrikas, Australiens und Südamerikas bis zum Nördlichen Polarkreis. Einige Paläontologen sind der Ansicht, daß nur warmblütige Tiere so weit nach Norden und Süden vordringen konnten, wie die Dinosaurier es taten. Andere vermuten, daß diese weite Verbreitung nur darauf hindeutet, daß das Klima damals milder und gleichmäßiger war als heutzutage. Außerdem weisen sie darauf hin, daß die Kontinente seit jener Zeit, in der die Dinosaurier lebten und ausstarben, ihre Lage verändert haben.

Schlüssel:
- Kreidezeit
- Jurazeit
- Triaszeit

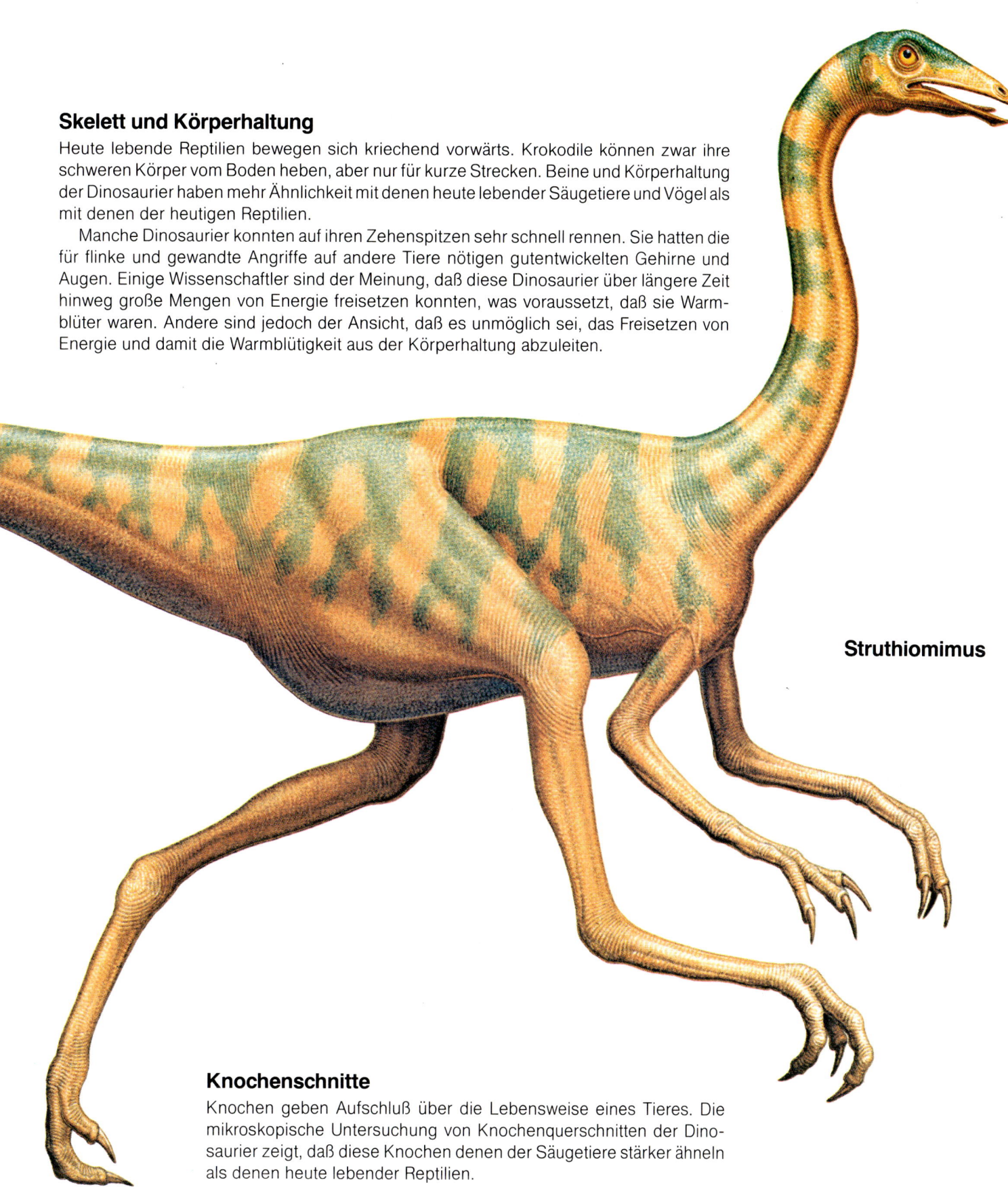

Skelett und Körperhaltung

Heute lebende Reptilien bewegen sich kriechend vorwärts. Krokodile können zwar ihre schweren Körper vom Boden heben, aber nur für kurze Strecken. Beine und Körperhaltung der Dinosaurier haben mehr Ähnlichkeit mit denen heute lebender Säugetiere und Vögel als mit denen der heutigen Reptilien.

Manche Dinosaurier konnten auf ihren Zehenspitzen sehr schnell rennen. Sie hatten die für flinke und gewandte Angriffe auf andere Tiere nötigen gutentwickelten Gehirne und Augen. Einige Wissenschaftler sind der Meinung, daß diese Dinosaurier über längere Zeit hinweg große Mengen von Energie freisetzen konnten, was voraussetzt, daß sie Warmblüter waren. Andere sind jedoch der Ansicht, daß es unmöglich sei, das Freisetzen von Energie und damit die Warmblütigkeit aus der Körperhaltung abzuleiten.

Struthiomimus

Knochenschnitte

Knochen geben Aufschluß über die Lebensweise eines Tieres. Die mikroskopische Untersuchung von Knochenquerschnitten der Dinosaurier zeigt, daß diese Knochen denen der Säugetiere stärker ähneln als denen heute lebender Reptilien.

Nahrung für die größten Dinosaurier

Konnte ein großer Dinosaurier mit einem kleinen Maul genug Nahrung aufnehmen? Als Warmblüter hätte ein erwachsenes Tier jeden Tag riesige Nahrungsmengen fressen müssen.

Als Kaltblüter dagegen hätten die Dinosaurier nur einen Bruchteil dieser Mengen gebraucht. Zu Zeiten eines gleichbleibend milden Klimas hätten ihre großen Körper als Wärmespeicher gedient und die gewaltigen Tiere hätten ihre Körpertemperatur konstant halten können, auch wenn sie keine Warmblüter waren.

Raubtiere und ihre Beute

Ein Warmblüter benötigt wesentlich mehr Nahrung als ein Kaltblüter von gleicher Größe. Warmblütige Raubtiere brauchen mehr Beutetiere als kaltblütige Raubtiere. Bei den Dinosauriern ist das Verhältnis zwischen Raubtier und Beute dem bei den Säugetieren wesentlich ähnlicher als dem bei den Reptilien.

Diese Behauptung geht von der Annahme aus, daß die Fossilienfunde die Überzahl der Dinosaurier in den Lebensgemeinschaften des Mesozoikums widerspiegeln. Die meisten Wissenschaftler sind jedoch nicht bereit, von dieser Annahme auszugehen. Selbst wenn die Statistiken zutreffend sein sollten, beziehen sie sich doch nur auf Raubtiere, deren Beute genauso gut aus Kaltblütern bestanden haben kann.

Herzkammern

Alle heute lebenden Säugetiere und Vögel haben leistungsfähige Herzen mit vier getrennten Kammern; zwei von ihnen pumpen Blut mit niedrigerem Druck als in die übrigen Körperteile in die Lunge. Die Herzen der heute lebenden Reptilien sind weniger leistungsfähig, sie besitzen nur eine Pumpkammer, so daß Blut mit dem gleichen Druck zur Lunge und durch den Körper gepumpt wird.

Hätte das Herz von *Ultrasaurus* (Seite 46—47) das Blut mit dem gleichen Druck in die Lunge und in den Kopf gepumpt, der sich 18 Meter über der Erde befand, hätten sich seine Lungenflügel mit Flüssigkeit gefüllt und er wäre erstickt. Die aufrechte Haltung der Dinosaurier deutet also darauf hin, daß sie — wie die heute lebenden Säugetiere und Vögel — leistungsfähigere Herzen besaßen.

Isolierende Federn

Die heutigen kleinen Warmblüter, darunter die Vögel, müssen ihren Körper vor Wärmeverlust schützen. *Archäopteryx*, der ein Gefieder besaß, ist der älteste bekannte Vogel. Sein Skelett ähnelt dem einiger kleiner Dinosaurier so sehr, daß er nur einen kleinen entwicklungsgeschichtlichen Schritt von seinen Dinosaurier-Vorfahren entfernt gewesen sein könnte. Andere Wissenschaftler sind der Meinung, daß zwischen *Archäopteryx* und den Dinosauriern keine enge Verwandtschaft bestand, da es keine direkten Beweise für eine isolierende Körperbedeckung der Dinosaurier gibt.

Vorherrschaft der Dinosaurier

Die ersten Dinosaurier und die ersten Säugetiere erschienen etwa zur gleichen Zeit. Warmblütigkeit wird im allgemeinen als Vorteil betrachtet, da sie eine wesentlich aktivere Lebensweise ermöglicht. Daraus könnte man schließen, daß die Dinosaurier, die für 140 Millionen Jahren gegenüber den vermutlich warmblütigen Säugetieren vorherrschten, ebenfalls Warmblüter gewesen sein müssen. Einige Forscher schreiben diese Vorherrschaft jedoch nur der Tatsache zu, daß die Dinosaurier früher als die Säugetiere beachtliche Größen erreichten.

Die Triaszeit

Die Triaszeit, die erste Periode des Mesozoikums, dauerte etwa 35 Millionen Jahre. Sie begann vor 225 Millionen Jahren und endete vor 190 Millionen Jahren. Trias ist das lateinische Wort für „drei" und ist von den drei Unterperioden hergeleitet, in denen spezielle Gesteinsformationen entstanden.

Zu Beginn der Triaszeit bildete das Festland einen Riesenkontinent, der Pangaea genannt wird (siehe die Karte auf der nächsten Seite). Da es kaum Meere, Berge oder Klimagrenzen gab, konnten die Tiere ungehindert durch den Kontinent wandern.

Das Klima in der Triaszeit war relativ trocken und wurde anscheinend immer wärmer. Das warme Klima begünstigte die Ausbreitung von Pflanzen und Tieren auf dem Land.

In dieser Zeit veränderten sich die Landwirbeltiere in kaum vorstellbarem Ausmaß: Alle größeren quadrupeden (vierfüßigen) Tiergruppen wurden in der Triaszeit durch neue ersetzt. Alle Vierfüßer, die im Mesozoikum vorherrschten — und ebenso auch die heute lebenden — tauchten in größerer Zahl erstmals in der Triaszeit auf. Zu ihnen gehörten Frösche, Echsen, Schildkröten, Meeresreptilien, Großsaurier (einschließlich der Vorfahren der Vögel) und Säugetiere.

Obwohl ein paar Formen der säugetierähnlichen Therapsiden (Seite 13) bis in die Jurazeit überlebten, waren sie am Ende der Trias doch praktisch ausgestorben. Außerdem wurden die Thecodontier (Seite 26—27) von Dinosauriern und Krokodilen verdrängt, und die ersten Flugsaurier eroberten den Luftraum.

In dieser Zusammenstellung von Tieren und Pflanzen der Triaszeit finden sich Rekonstruktionen des Prosauropoden *Plateosaurus* (Seite 30), des primitiven Säugetiers *Megazostrodon*, des Coelurosauriers *Procompsognathus* (Seite 28) und des Flugsauriers *Eudimorphodon*. Typische Pflanzen dieser Zeit sind *Araucarioxylon* und die breitblättrige *Palaeocycas*. Das abgebildete *Equisetum* ist mit dem heutigen Schachtelhalm identisch.

Die Fossilien stammen von zwei *Coelophysis*-Exemplaren (Seite 28), von dem Farn *Phlebopteris*, von *Clionites*, einem mit dem Gemeinen Perlboot verwandten Tintenfisch, und von *Thrinaxodon*, einem Therapsiden der frühen Trias. Ganz rechts sind Fußspuren eines Coelurosauriers zu sehen.

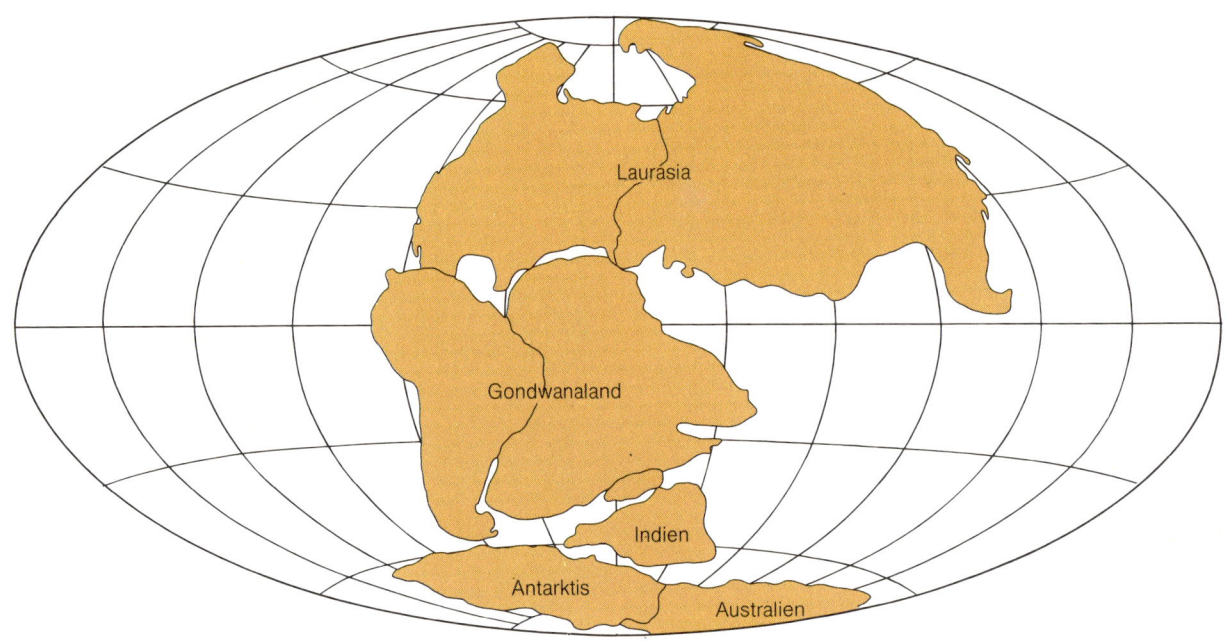

So sah die Welt vor ungefähr 180—200 Millionen Jahren während der Oberen Triaszeit aus, als der Superkontinent Pangaea zu zerbrechen begann.

Die erste große Dinosaurier-Ordnung, die Ordnung Saurischia, enthält zwei Unterordnungen, Theropoda und Sauropodomorpha.

Theropoden

Die Theropoden oder Raubtierfuß-Dinosaurier waren Fleischfresser. Sie liefen auf den Hinterbeinen und benutzten den ausgestreckten Schwanz zum Ausbalancieren des Körpers.

In der späten Triaszeit entwickelten sich aus den Thecodontiern kleine, bewegliche Theropoden, die Coelurosaurier (Seite 28). Die Coelurosaurier lebten während des ganzen Mesozoikums; einige Gruppen veränderten sich gegenüber denen der Triaszeit kaum, aus anderen ging eine Vielzahl von Formen hervor.

In der späteren Triaszeit erschien eine zweite Theropoden-Gruppe. Carnosaurier (Seite 29) waren mächtige Tiere mit massigeren und schwereren Knochen. Sie hatten große, hohe Schädel, die auf kurzen, kräftigen Hälsen saßen, und ihre Vordergliedmaßen waren im Vergleich zur Körpergröße kürzer als die der Coelurosaurier.

Sauropodomorphen

Die frühesten Sauropodomorphen oder Elefantenfuß-Dinosaurier werden der Infraordnung Prosauropoda zugeteilt.

Prosauropoden lebten während der Oberen Triaszeit und starben dann aus. Sie hatten kleine Schädel und ziemlich lange Hälse. Fossilien von ihnen lassen erkennen, daß sie mit der Zeit größer und zu Quadrupeden (Vierfüßern) wurden.

Bisher wurde vermutet, daß die Prosauropoden die Vorfahren der gewaltigen Sauropoden der Jurazeit und der Kreidezeit (Seite 44—47) wären — ein Übergangsstadium, das direkt zu den „Brontosauriern" führte. Heute bezweifeln einige Wissenschaftler, daß die Prosauropoden die Vorfahren der Sauropoden gewesen sind. Sie vermuten, daß die Prosauropoden nur eine Seitenlinie darstellten, die einfach ausstarb.

Ornithischier

Fossilien von Ornithischiern oder Vogelbecken-Dinosauriern aus der Triaszeit sind nur in Bruchstücken vorhanden, und in den meisten Fällen bestehen erhebliche Zweifel, ob sie wirklich aus dieser Zeit stammen.

Pterosaurier

Die ersten wirklich fliegenden Wirbeltiere waren die Pterosaurier oder Flugsaurier der Oberen Triaszeit. Die Vordergliedmaßen der Pterosaurier ähnelten denen anderer vierbeiniger Wirbeltiere, aber der vierte Finger war stark verlängert. Jede Vordergliedmaße stützte eine starke Flughaut, die sich von der Spitze des vierten Fingers zum Rumpf spannte. Die ersten drei Finger waren wie die der Reptilien geformt und trugen scharfe Krallen; der fünfte Finger fehlte.

Zur Ordnung Pterosauria gehören die Unterordnungen Rhamphorhynchoidea und Pterodactyloidea. Anscheinend entwickelten sich die Pterodactyloiden aus den Rhamphorhynchoiden. Alle bekannten Pterosaurier der Triaszeit sind Rhamphorhynchoiden.

Seit mehr als einem Jahrhundert vermuteten Wissenschaftler, daß die Pterosaurier Warmblüter gewesen sein müssen, da sie ständig genügend Energie zum Fliegen bereitstellen mußten. Diese Hypothese scheint 1971 bestätigt worden zu sein. Ein in der Sowjetunion gefundenes Fossil eines kleinen *Rhamphorhynchus* zeigte, daß das Tier ein Haarkleid trug.

Krokodile

Die Ordnung Crocodilia enthält drei Unterordnungen: Protosuchia, Mesosuchia und Eusuchia. Die Klassifi-

kation einer bestimmten Gattung wird hauptsächlich nach zwei Merkmalen vorgenommen: der Lage der inneren Nasenöffnungen und der Form der Rückenwirbel.

Neuzeitliche Krokodile gehören zur Unterordnung Eusuchia. Sie haben einen kräftigen sekundären Gaumen, der Mund- und Nasenhöhle voneinander trennt und sie auch mit der Beute im Maul atmen läßt. Die inneren Nasenöffnungen liegen weit hinten in der Nähe des Rachens. Bei den Protosuchiern, den primitivsten Krokodilen, befinden sie sich direkt unter den äußeren Nasenlöchern.

Die Wirbel der Eusuchier sind vorne konkav (nach innen gebogen) und hinten konvex (nach außen gebogen) und mit Kugelgelenken verbunden. Die Wirbel der Protosuchier sind an beiden Enden konkav.

Bei allen aus der Triaszeit stammenden Krokodilfossilien handelte es sich um Protosuchier.

THECODONTIA · *Urwurzelzähner*

Die ersten Thecodontier gehörten zur Unterordnung Proterosuchia. Thecodontier waren in der Unteren Triaszeit noch ziemlich selten; in dieser Zeit herrschten die säugetierähnlichen Therapsiden vor. Um die Mitte der Trias überwogen jedoch die Thecodontier. Drei neue Unterordnungen hatten sich entwickelt: Pseudosuchia, Phytosauria und Aetosauria. Zu den Pseudosuchiern gehören die vermutlichen Vorfahren aller späteren Großsaurier.

Die Thecodontier standen aufrechter als die kriechenden Reptilien, aus denen sie hervorgegangen waren. Vermutlich war es diese verbesserte Körperhaltung, die ihnen einen Vorteil über die Therapsiden verschaffte. Als die Thecodontier dazu übergingen, sich auf ihren langen Hinterbeinen fortzubewegen, wurden ihre Vordergliedmaßen für andere Zwecke frei — sie konnten zum Beispiel damit greifen oder ihren Körper im Gleichgewicht halten. Allem Anschein nach liefen viele Pseudosuchier auf den Hinterbeinen.

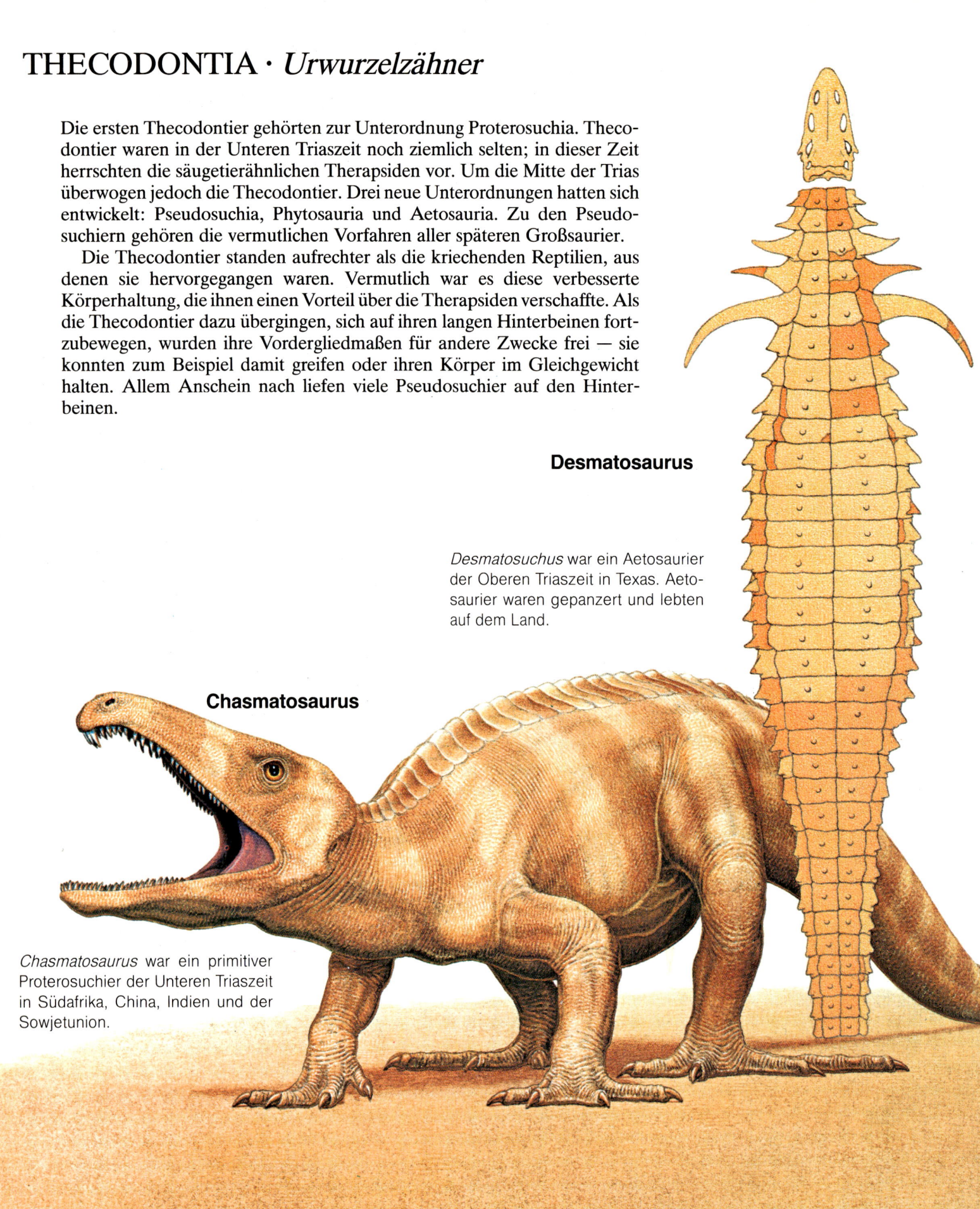

Desmatosaurus

Desmatosuchus war ein Aetosaurier der Oberen Triaszeit in Texas. Aetosaurier waren gepanzert und lebten auf dem Land.

Chasmatosaurus

Chasmatosaurus war ein primitiver Proterosuchier der Unteren Triaszeit in Südafrika, China, Indien und der Sowjetunion.

Rutiodon war ein Phytosaurier der Unteren Triaszeit in Nordamerika. Phytosaurier ähnelten in ihrer äußeren Erscheinung und vermutlich auch ihrer Lebensweise den Krokodilen, waren jedoch nicht direkt mit ihnen verwandt.

Rutiodon

Ornithosuchus war ein Pseudosuchier der Oberen Triaszeit in Schottland.

Ornithosuchus

Euparkeria war ein Pseudosuchier der Unteren Triaszeit in Südafrika.

Euparkeria

THEROPODA · *Raubtierfuß-Dinosaurier*

Coelurosaurier

Unter den frühesten Dinosauriern war eine Gruppe von Theropoden, die Coelurosaurier. In der Triaszeit waren diese Hohlknochensaurier ziemlich kleine, bewegliche Fleischfresser. Viele der langen und zierlichen Knochen ihrer Gliedmaßen waren hohl. Die Coelurosaurier hatten flache, schmale Schädel, und ihre Unterkiefer waren mit scharfen, messerartigen Zähnen besetzt. Sie liefen immer auf den Hinterbeinen und hatten lange, schlanke Hälse, Greiffinger und vogelähnliche Füße.

Die Coelurosaurier liefen auf Zehenspitzen und benutzten dabei ihre langen Schwänze, um das Gleichgewicht zu halten. Aus dem Körperbau der Coelurosaurier läßt sich schließen, daß sie hohe Geschwindigkeiten erreichten. *Procompsognathus* und *Coelophysis* waren typische Coelurosaurier der Oberen Triaszeit.

Coelophysis

Procompsognathus

Carnosaurier

Carnosaurier oder Raubtierzahn-Dinosaurier wie *Teratosaurus* haben sich anscheinend etwas später entwickelt als die Coelurosaurier. Wie diese liefen die Carnosaurier auf den Hinterbeinen, sie waren jedoch größer und robuster. Ihre Hinterbeine waren im Vergleich zur Körpergröße kürzer als die der flinken, kleinen Coelurosaurier, und ihre Knochen waren schwer und häufig kompakt. Die Carnosaurier hatten kurze, muskulöse Hälse und große, hohe Schädel. Sie besaßen dolchartige Zähne mit säge- förmigen Schneiden.

Teratosaurus

SAUROPODOMORPHA · *Elefantenfuß-Dinosaurier*

Prosauropoden

Die Prosauropoden werden gewöhnlich in drei Hauptfamilien unterteilt. Sie waren vermutlich Pflanzenfresser.

Plateosaurus

Anchisaurus

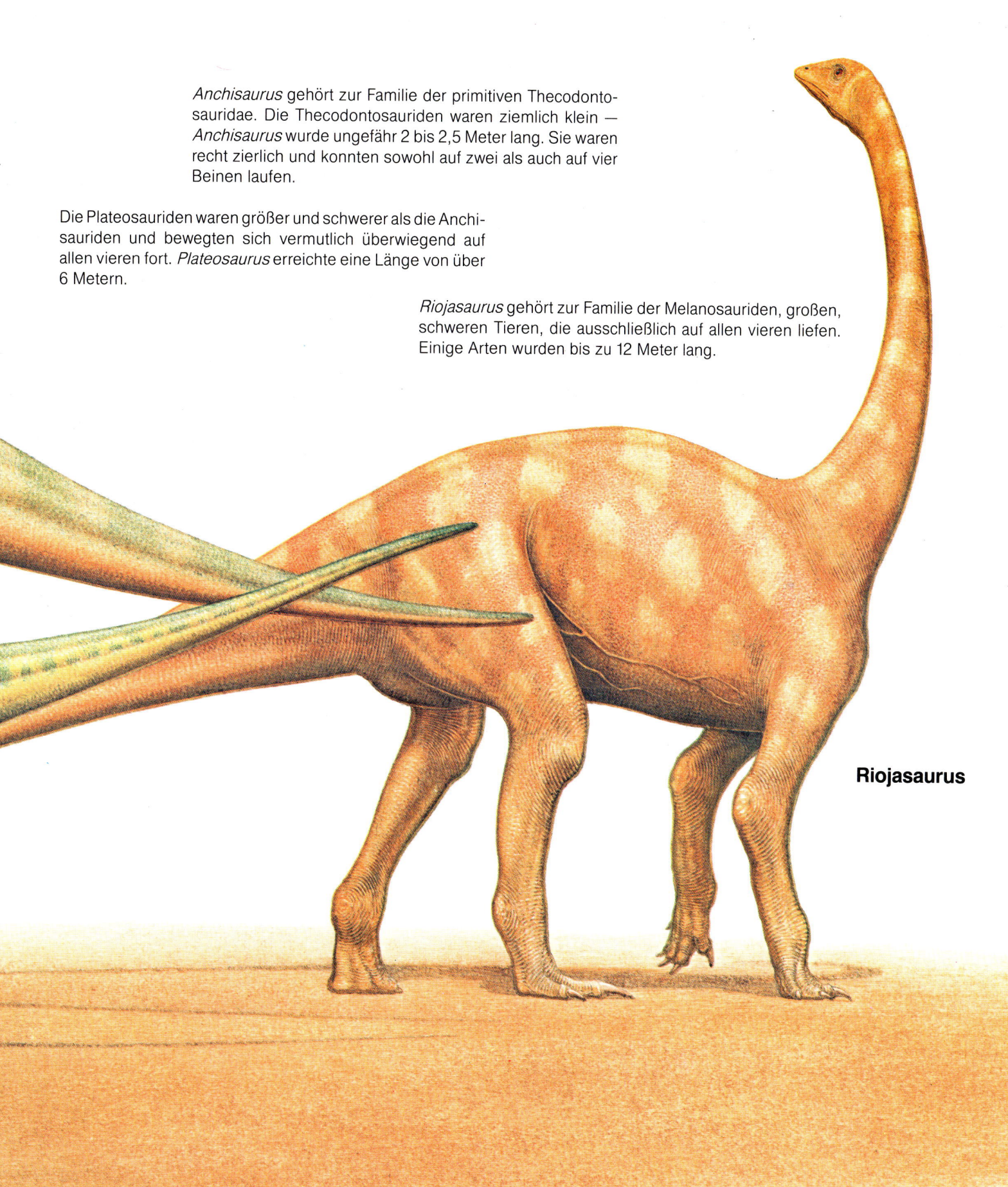

Anchisaurus gehört zur Familie der primitiven Thecodonto-sauridae. Die Thecodontosauriden waren ziemlich klein — *Anchisaurus* wurde ungefähr 2 bis 2,5 Meter lang. Sie waren recht zierlich und konnten sowohl auf zwei als auch auf vier Beinen laufen.

Die Plateosauriden waren größer und schwerer als die Anchisauriden und bewegten sich vermutlich überwiegend auf allen vieren fort. *Plateosaurus* erreichte eine Länge von über 6 Metern.

Riojasaurus gehört zur Familie der Melanosauriden, großen, schweren Tieren, die ausschließlich auf allen vieren liefen. Einige Arten wurden bis zu 12 Meter lang.

Riojasaurus

Rhamphorhynchoiden

Zu den Flugsauriern der Triaszeit gehört die Familie Rhamphor-hynchoidea. Die Rhamphorhynchoiden waren robuste, kraftvolle Flieger, hatten große Köpfe auf ziemlich langen Hälsen und waren mit scharfen Zähnen bewaffnet. *Eudimorphodon*, der während der Oberen Triaszeit in Norditalien lebte, besaß unterschiedlich geformte Zähne. Neben den einfachen spitzen Zähnen, die auch bei modernen Reptilien zu finden sind, standen andere mit mehreren Höckern.

Rhamphorhynchoiden hatten kurze Mittelhandknochen, verlängerte vierte Finger und eine merkwürdig geformte fünfte Zehe, deren Funktion nicht bekannt ist. Außerdem besaßen sie lange Reptilschwänze.

Eudimorphodon war ungefähr 50 Zentimeter lang und hatte eine Flügelspannweite von 85 bis 100 Zentimetern.

Eudimorphodon

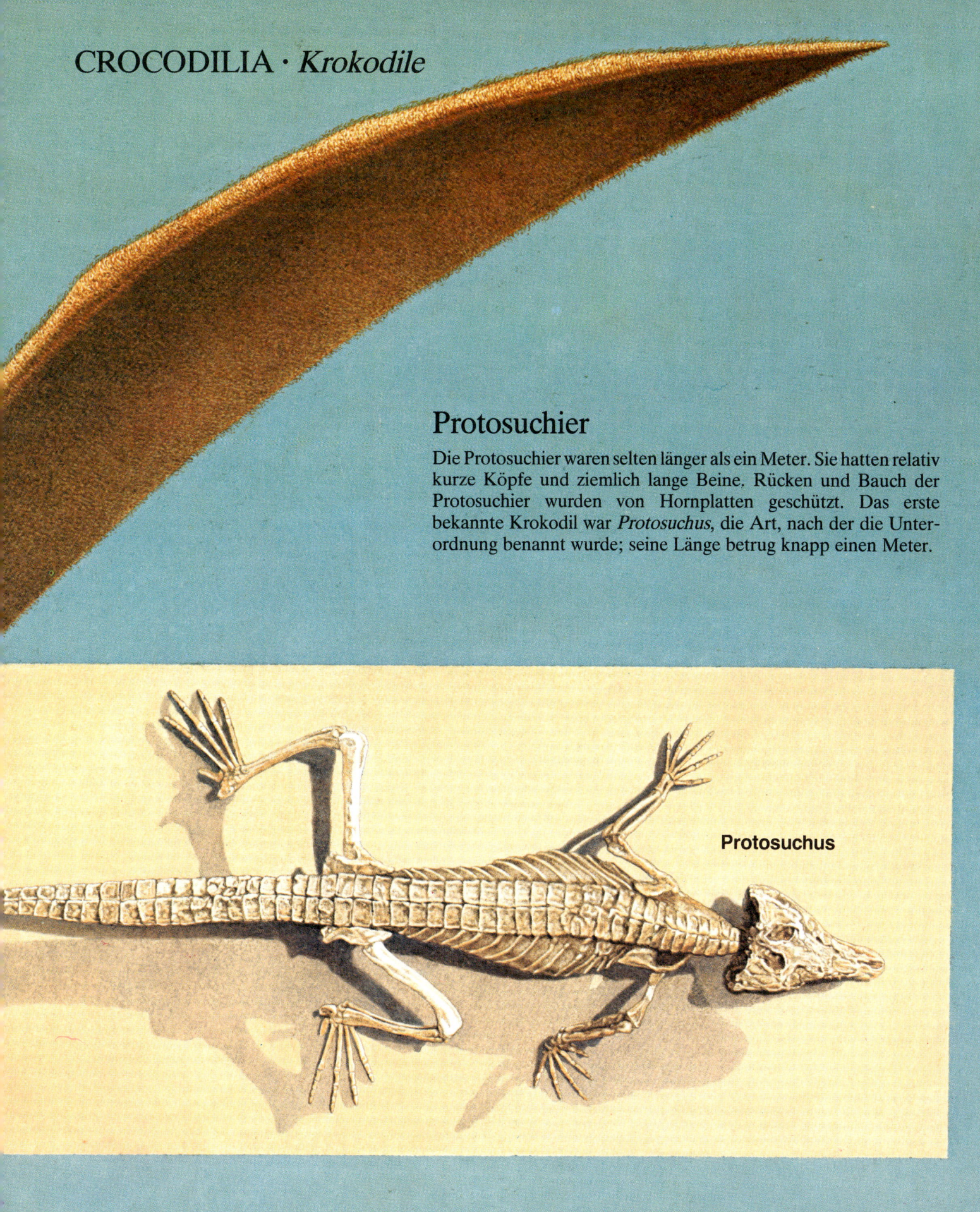

CROCODILIA · *Krokodile*

Protosuchier

Die Protosuchier waren selten länger als ein Meter. Sie hatten relativ kurze Köpfe und ziemlich lange Beine. Rücken und Bauch der Protosuchier wurden von Hornplatten geschützt. Das erste bekannte Krokodil war *Protosuchus*, die Art, nach der die Unterordnung benannt wurde; seine Länge betrug knapp einen Meter.

Protosuchus

Die Jurazeit

Die mittlere Periode des Mesozoikums, die Jurazeit, dauerte ungefähr 55 Millionen Jahre; sie begann vor 190 Millionen Jahren und endete vor 135 Millionen Jahren. Der Name Jura kommt vom Jura-Gebirge in den Alpen an der Grenze zwischen Frankreich und der Schweiz, wo besonders viele Gesteinsschichten aus dieser Zeit zu finden sind.

Der Superkontinent Pangaea (siehe die Karte auf Seite 24) zerbrach in zwei Kontinente — Laurasia im Norden und Gondwanaland im Süden. Zwischen ihnen bildete sich das Tethysmeer; es gab jedoch noch Landbrücken, über die die Tiere wandern konnten.

Die zunehmende Erwärmung des Klimas in der Obren Triaszeit setzte sich auch in der Jurazeit fort. Auf Teilen von Laurasia bildeten sich flache Seen, und starke Regenfälle erreichten Gebiete, die zuvor trocken und wüstenähnlich gewesen waren. Das Klima wurde mild und feucht. Pflanzen gediehen in Sümpfen, am Ufer von Seen und Flüssen und auf großen Ebenen.

Auf der ganzen Erde wurden ähnliche Pflanzen gefunden. Fossilien von subtropischen Pflanzen kamen sogar in heute kalten Gebieten wie Sibirien und Alaska und in der Antarktis zum Vorschein. Mit diesem riesigen neuen Nahrungsangebot konnte sich eine große Vielfalt pflanzenfressender Dinosaurier entwickeln, und diese wiederum dienten den immer größer werdenden Fleischfressern als Nahrung.

Diese Landschaft der Oberen Jurazeit enthält Rekonstruktionen aus zwei Kontinenten. Die kleinen Tiere im Vordergrund wurden alle in Kalksteinablagerungen in Deutschland gefunden; *Archäopteryx*, der älteste bekannte Vogel (Seite 40—41), *Compsognathus*, ein Coelurosaurier (Seite 39) und *Rhamphorhynchus*, ein Pterosaurier (Seite 54).

Die großen Dinosaurier hinter ihnen stammen aus Wyoming und Colorado im Westen der USA. Rechts steht ein *Stegosaurus* (Seite 52—53), links greifen zwei Exemplare von *Allosaurus* (Seite 42—43) einen *Camptosaurus* (Seite 50) an.

An Pflanzen sind *Williamsonia* und die gedrungene *Cycadeoidea* sowie Farne und ein Wald aus immergrünen Bäumen abgebildet.

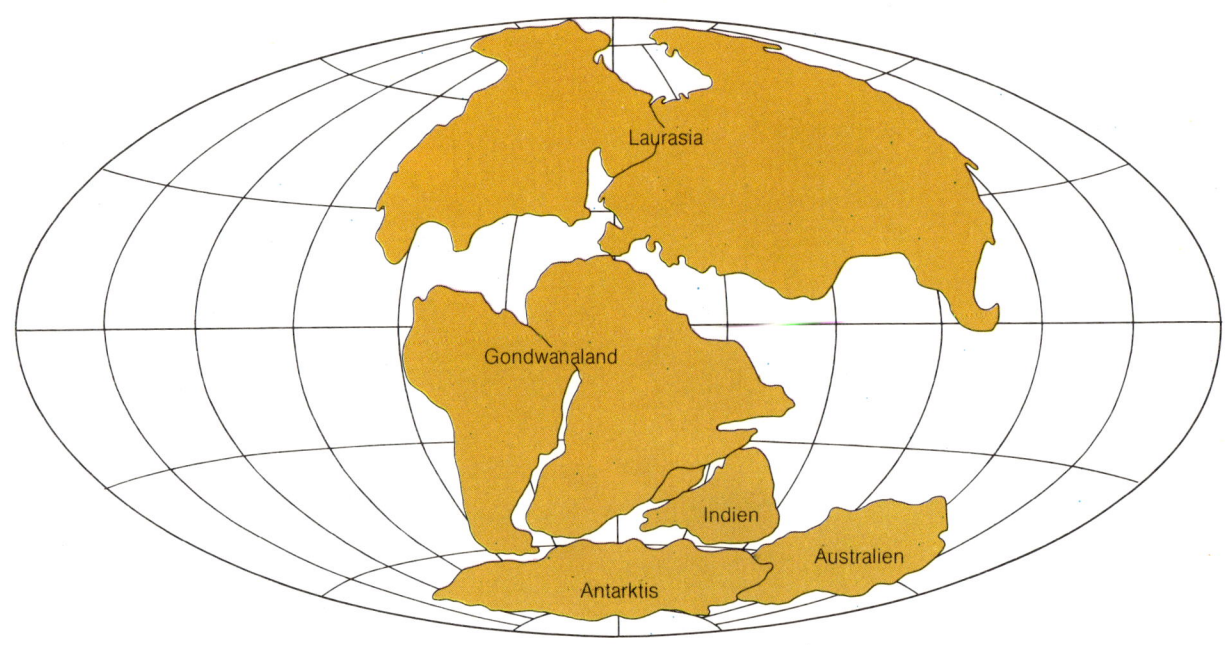

In der oberen Jurazeit, vor 140 Millionen Jahren, hatte sich der Atlantische Ozean gebildet, und zwischen Südamerika und dem südlichen Teil Afrikas war ein Graben entstanden.

Theropoden und der erste Vogel

Die Theropoden (Raubtierfuß-Dinosaurier) der Jurazeit unterschieden sich im Körperbau kaum von ihren in der Triaszeit lebenden Vorfahren. Doch als sie sich weiter ausbreiteten, um alle ökologischen Nischen zu besetzen, entwickelten sich beträchtliche Größenunterschiede. Einige Coelurosaurier waren nicht größer als Hühner, es gab aber auch Carnosaurier, die bis zu 12 Meter lang wurden.

Der erste bekannte Vogel stammt aus der Oberen Jurazeit. Die versteinerten Skelette weisen bemerkenswerte Ähnlichkeiten mit denen kleiner fleischfressender Theropoden auf.

Sauropodomorphen

In der Unterordnung Sauropodomorphen (Elefantenfuß-Dinosaurier) traten während der Jurazeit große Herden von Sauropoden an die Stelle der Prosauropoden der Triaszeit (Seite 30—31). Zu den Sauropoden (Seite 44—47) gehörten die größten bekannten Tiere; manche von ihnen haben wahrscheinlich bis zu 90 Tonnen gewogen. Sie waren sämtlich Pflanzenfresser und liefen auf vier Beinen.

Lange Zeit wurde von den Paläontologen vermutet, daß die großen „Brontosaurier" zu schwer waren, um auf dem Land zu leben und sich deshalb fast ständig im Wasser aufhalten mußten, wo die Auftriebskraft des Wassers ihr außergewöhnliches Gewicht wieder ausge-

glichen hätte. Neuere Untersuchungen des Knochenbaus der Sauropoden zeigen jedoch, daß sie durchaus fähig waren, auf dem Land zu leben, und einem Leben auf dem Land sogar besser angepaßt waren. Auch versteinerte Fußspuren beweisen, daß sich manche Sauropoden auf dem Land fortbewegten.

Im Vergleich zu ihren großen Körpern waren die Köpfe der Sauropoden sehr klein. Man kann sich kaum vorstellen, wie die Sauropoden es schafften, die zum Überleben nötigen Nahrungsmengen aufzunehmen, zumal ihre Bezahnung oft nur aus ein paar einfachen Stiften ganz vorn im Maul bestand. Mahlzähne besaßen die Sauropoden nicht. Bei den Fossilien einiger Exemplare wurden jedoch glattpolierte Steine gefunden. Sie lassen vermuten, daß diese Pflanzenfresser Steine schluckten, damit sie die Nahrung im Magen zermahlen — so wie es auch manche neuzeitlichen Vögel und Krokodile tun. Falls diese Vermutung stimmt, hätten die Sauropoden fast ununterbrochen Nahrung aufnehmen können, da sie sie unzerkaut herunterschlucken konnten.

Ornithischier

Die meisten bekannten Dinosaurier der Triaszeit gehörten zur Ordnung Saurischia (Echsenbecken-Dinosaurier). Doch während der Jurazeit erlebte die zweite Ordnung, Ornithischia (Vogelbecken-Dinosaurier) einen beträchtlichen Aufschwung. Alle

Ornithischier der Jurazeit ernährten sich von Pflanzen.

Es gibt mindestens zwei Unterordnungen der während der Jurazeit lebenden Ornithischier: Ornithopoda und Stegosauria. Die Ornithopoden waren biped.

Als Fossilien der kleinen Ornithopoden *Lesothosaurus* und *Heterodontosaurus* (Seite 48) in Südafrika gefunden wurden, vermuteten die Wissenschaftler, daß sie aus der Triaszeit stammten. Heute sind jedoch viele Paläontologen der Ansicht, daß die Gesteinsschichten des Fundorts aus der Unteren Jurazeit stammen, deshalb werden sie in diesem Kapitel beschrieben.

Hypsilophodonten (Seite 49) waren kleine, leicht gebaute und ziemlich primitive Ornithopoden mit langen Beinen.

Iguanodonten waren schwerer gebaute Ornithopoden. Sie stammen aus der Oberen Jura- und der Unteren Kreidezeit und wurden rund 8 Meter lang. *Iguanodon* gehörte zu den Tieren, die Owen „Dinosaurier" nannte. Die primitiven Iguanodonten der Jurazeit werden Camptosaurier genannt.

Unter den Stegosauriern finden sich einige der bizarrsten Dinosaurier — Tiere mit Reihen von Panzerplatten und Stacheln auf dem Rücken. Sie bewegten sich auf allen vieren fort.

Bevor *Heterodontosaurus* 1962 entdeckt wurde, war *Scelidosaurus* der älteste bekannte Ornithischier. In welcher Beziehung er zu den anderen Ornithischiern steht, ist noch nicht bekannt.

Pterosaurier

Obwohl die Pterosaurier mit den fliegenden Vögeln durch frühe Archosaurier-Vorfahren nur entfernt verwandt waren, entwickelte sich eine Reihe von Übereinstimmungen, die das Fliegen betrafen und Konvergenzen sind.

Die notwendige Verringerung des Gewichts wurde durch zierliche hohle Knochen und durch die allmähliche Zurückbildung und das schließliche Verschwinden der Reptilzähne erreicht. Besonders beanspruchte Teile des Skeletts verwuchsen miteinander. Die starken Flugmuskeln wurden an einem keilförmigen verlängerten Brustbein verankert. Die für das Koordinations- und das Sehvermögen zuständigen Gehirnabschnitte vergrößerten sich beträchtlich.

Krokodile

Während der Jurazeit waren die zur Unterordnung Mesosuchia gehörenden Krokodile in der Überzahl. Die Mesosuchier waren zwischen 30 Zentimeter und 6 Meter lang. Ihre Wirbel waren wie die der Protosuchier an beiden Enden konkav, doch ihre inneren Nasenöffnungen lagen tiefer im Schädel. Die meisten Mesosuchier waren aktive Jäger und bevorzugten wie ihre heute lebenden Archosaurier-Verwandten — Krokodile, Alligatoren und Gaviale — flache Sümpfe und Uferregionen. Einige Mesosuchier kehrten allerdings ins Meer zurück.

Ornitholestes

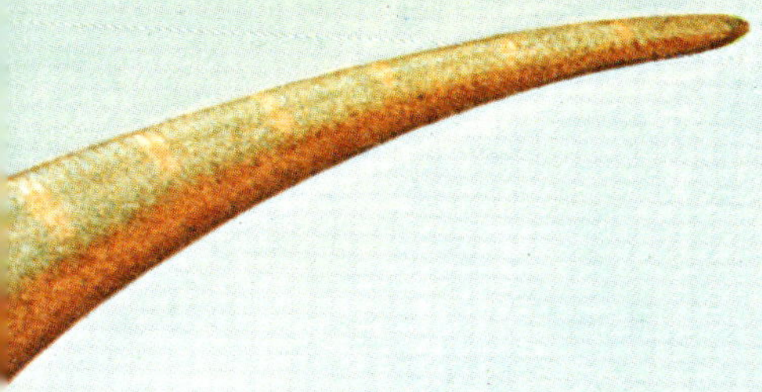

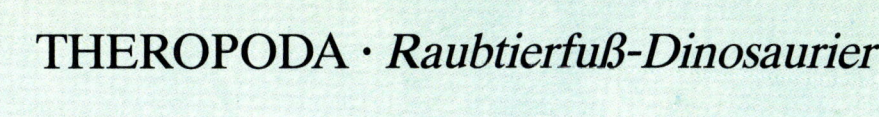

Coelurosaurier

Die Coelurosaurier der Jurazeit ähnelten in vieler Hinsicht ihren Vorfahren in der Triaszeit. *Ornitholestes* ist ein typisches Beispiel. Er war ungefähr 2 Meter lang und hatte lange Beine und vogelähnliche Füße. Die Vorderbeine waren etwas kürzer als die Hinterbeine, und an jeder Hand saßen drei lange Finger mit scharfen Krallen.

Der kleinste bekannte Coelurosaurier, *Compsognathus*, war nur 60 Zentimeter lang. Das erste Exemplar von *Compsognathus* wurde in den Kalksteinablagerungen in der Nähe von Solnhofen in Bayern gefunden.

Einige Paläontologen sind der Meinung, daß *Compsognathus* warmblütig war und ein Gefieder besaß. Es gibt jedoch keine Beweise, die diese Theorie stützen.

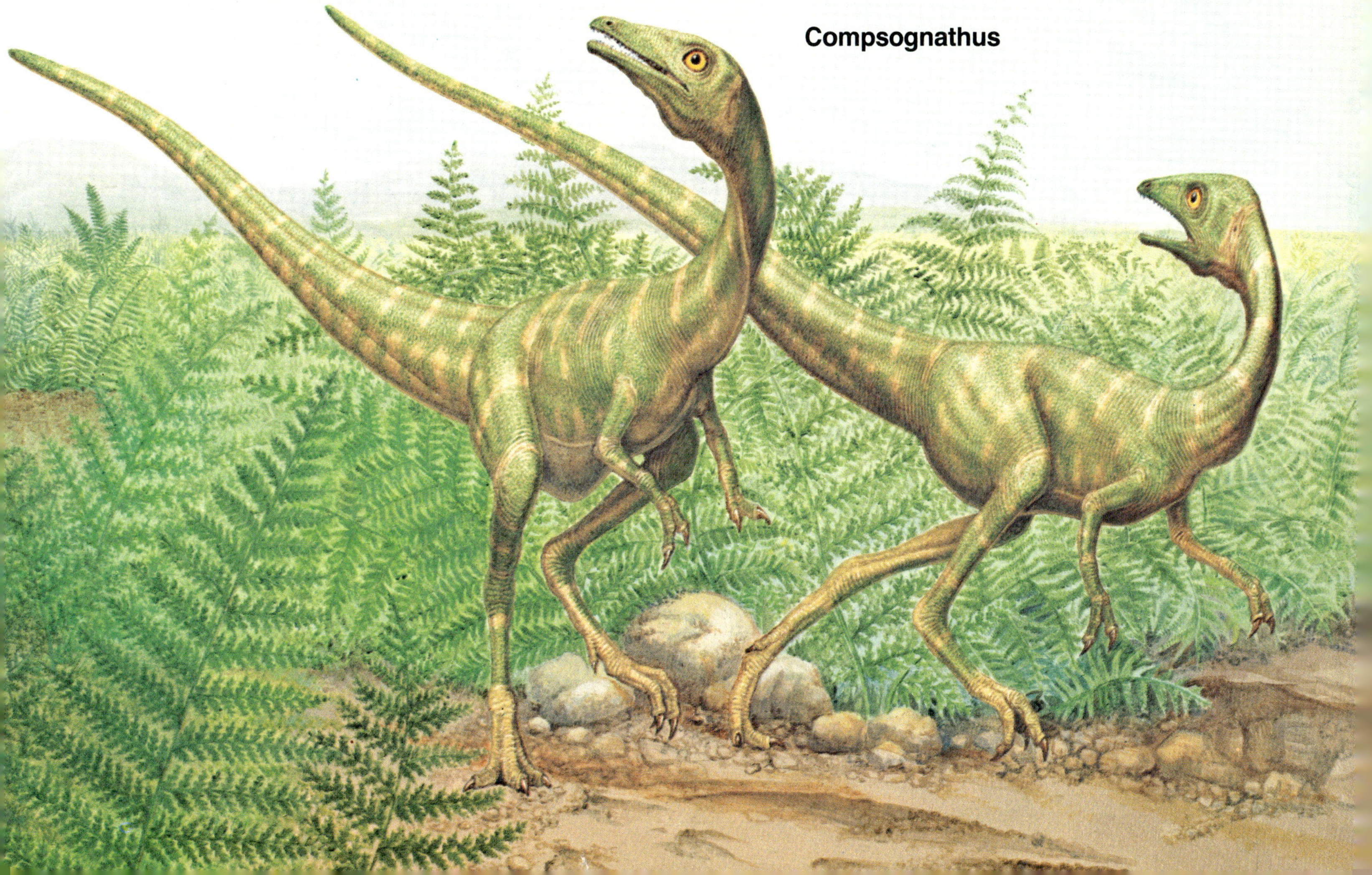

Compsognathus

KLASSE AVES · *Vögel*

Archäopteryx

Archäopteryx, der erste bekannte Vogel, lebte in der Oberen Jurazeit. Bisher wurden in den Kalksteinablagerungen in der Nähe von Solnhofen Fossilien von fünf Skeletten und eine

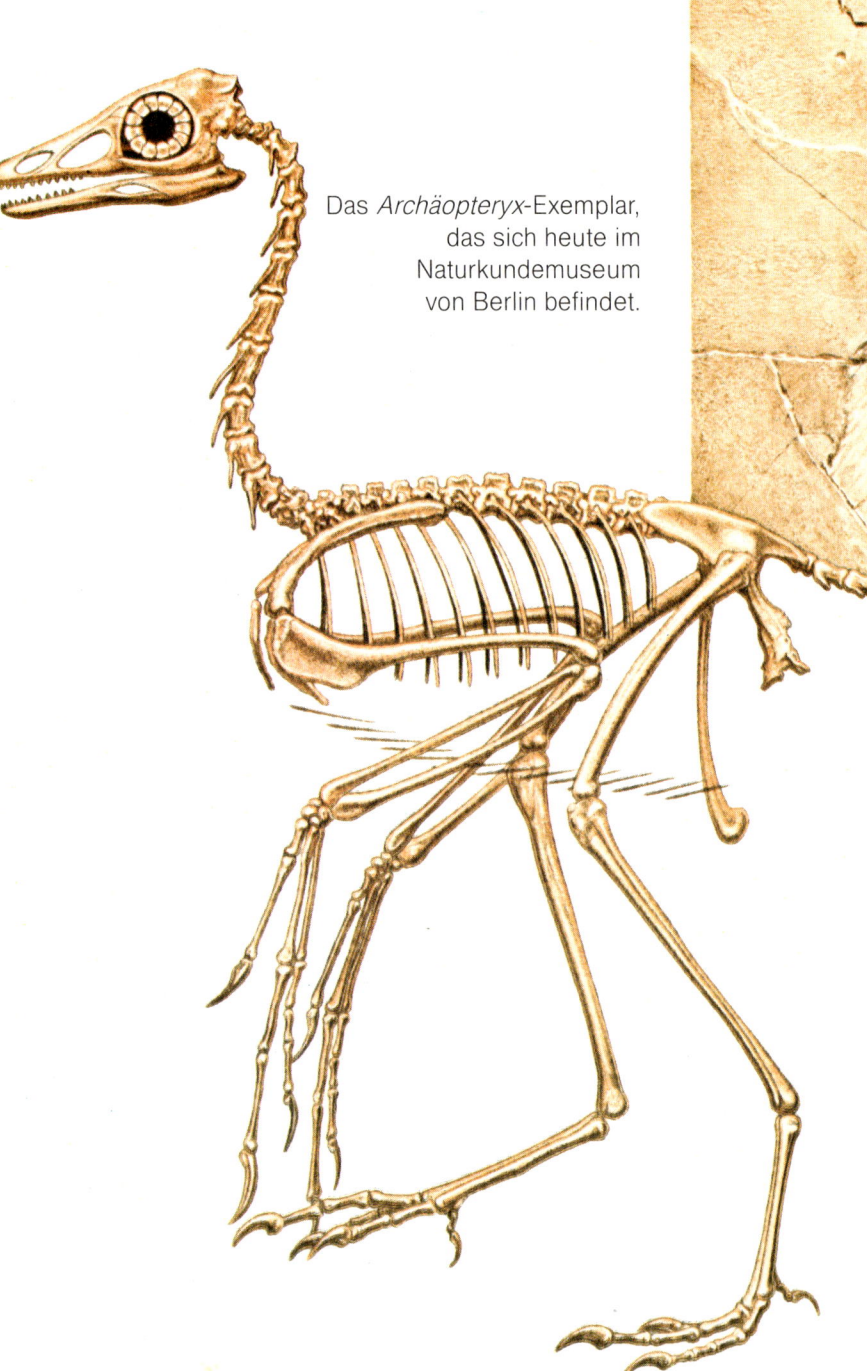

Das *Archäopteryx*-Exemplar, das sich heute im Naturkundemuseum von Berlin befindet.

versteinerte Feder gefunden. Vier der fünf Skelette zeigen Abdrücke von Federn. Das Skelett von *Archäopteryx* ähnelt in vielen Punkten dem von *Compsognathus* (Seite 39), das in einem nahegelegenen Steinbruch gefunden wurde. Allerdings war *Archäopteryx* kleiner (nur etwa 35 Zentimeter lang).

Archäopteryx besaß noch den Schwanz und die Zähne seiner Archosaurier-Vorfahren. Allerdings hatte er auch Federn und ein kleines Gabelbein. *Archäopteryx* sah aus wie ein kleiner geflügelter Dinosaurier; er konnte jedoch wahrscheinlich nicht fliegen, da ihm der keilförmige Brustbeinkamm zum Verankern der Flugmuskulatur fehlte.

Über die Entwicklung des Flugvermögens bei Vögeln gibt es zwei Theorien. Die erste besagt, daß die Vorfahren von *Archäopteryx* auf Bäume kletterten und von dort aus zum Gleitflug ansetzten. Dagegen spricht, daß die Füße von *Archäopteryx* für das Leben auf Bäumen ungeeignet erscheinen; die erste Zehe ist kurz und zu hoch angesetzt, als daß sich *Archäopteryx* an Ästen hätte festhalten können.

Nach der zweiten Theorie war *Archäopteryx* ein laufender Insektenfresser, dessen Gefieder zuerst nur zur Aufrechterhaltung der Körpertemperatur diente. Es wird angenommen, daß ihm die Verlängerung der Vordergliedmaßen und der Schwanzfedern die Verfolgung von Insekten erleichterte. *Archäopteryx* war für das Fliegen präadaptiert, das heißt, er wies bereits Anpassungen an das spätere Fliegen der Vögel auf.

Archäopteryx

Carnosaurier

Während der Jurazeit gab es einige Fleischfresser, die wesentlich größer waren als ihre Vorfahren in der Triaszeit. *Allosaurus* wurde bis zu 12 Meter lang und bis zu 5,5 Tonnen schwer. Wie die früheren Carnosaurier hatte er an den Vorder- und Hinterfüßen scharfe Krallen, die er zweifellos als Waffen benutzte. Während der Jurazeit dürften diesem Raubtier in den heutigen US-Staaten Colorado und Wyoming zahlreiche Pflanzenfresser, zum Beispiel der riesige *Apatosaurus*, zum Opfer gefallen sein.

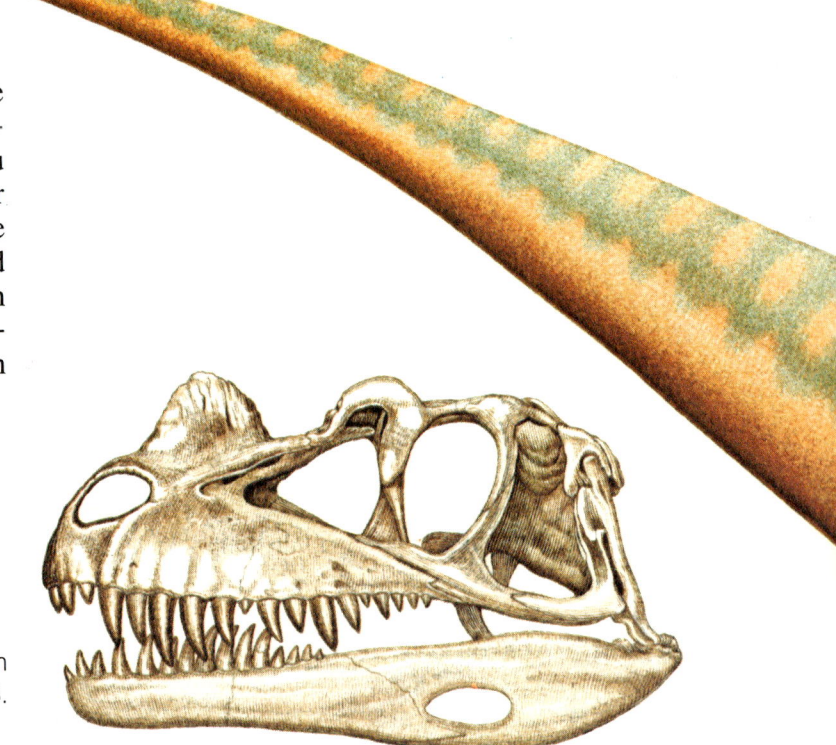

Ceratosaurus und *Allosaurus* lebten zur gleichen Zeit und waren auch etwa gleich groß.

Ceratosaurus

Im Amerikanischen Museum für Naturgeschichte in New York wurde das Skelett eines *Allosaurus* über dem eines *Apatosaurus* montiert. In den Schwanzwirbeln des *Apatosaurus*-Exemplars wurden Bißspuren entdeckt, die genau der Zahnstellung des Allosaurus entsprechen.

Allosaurus

Allosaurus

SAUROPODOMORPHA · *Elefantenfuß-Dinosaurier*

Sauropoden

Zu den Sauropoden, der zweiten Infraordnung der Sauropodomorpha, gehörten die größten Tiere, die je auf der Erde lebten. Obwohl sie während der gesamten Jura- und Kreidezeit vorkamen, stammen die meisten und die größten Exemplare aus der Oberen Jurazeit.

Der riesige Rumpf mit dem langen Hals und dem erstaunlich kleinen Kopf wurde von vier kräftigen Beinen getragen. Die Nasenlöcher einiger Sauropoden lagen nicht an der Schnauzenspitze, sondern hoch am Kopf. Der Schwanz war am Ansatz dick und stark bemuskelt, am Ende schlank und peitschenförmig.

Die Kiefer und Zähne der Sauropoden waren ziemlich schwach, die Tiere ernährten sich wahrscheinlich nur von weicher Pflanzennahrung. Möglicherweise fraßen sie die Blätter von Bäumen, die wegen ihrer Höhe für andere Tiere unerreichbar waren. Ein großer Sauropode mußte pro Tag 230 bis 450 Kilogramm pflanzlicher Nahrung zu sich nehmen.

Apatosaurus, besser bekannt als *Brontosaurus*, wurde im Gebiet der Rocky Mountains und in Europa gefunden. Die größten Exemplare waren ungefähr 23 Meter lang und wogen 18 Tonnen oder mehr. Versteinerte Fußspuren zeigen, daß diese Sauropoden gelegentlich in Herden umher- zogen. Bei den Fußspuren fanden sich jedoch keine Schleifspuren von den Schwänzen, was darauf schließen läßt, daß sich die Brontosaurier mit erhobenen Schwänzen fortbewegten. Um die Jung- tiere vor fleischfressenden Dinosauriern wie *Allosaurus* zu schützen, scheinen sich die größten aus- gewachsenen Tiere immer an den Rändern der Herde aufgehalten zu haben.

Apatosaurus (Brontosaurus)

SAUROPODOMORPHA
Elefantenfuß-Dinosaurier

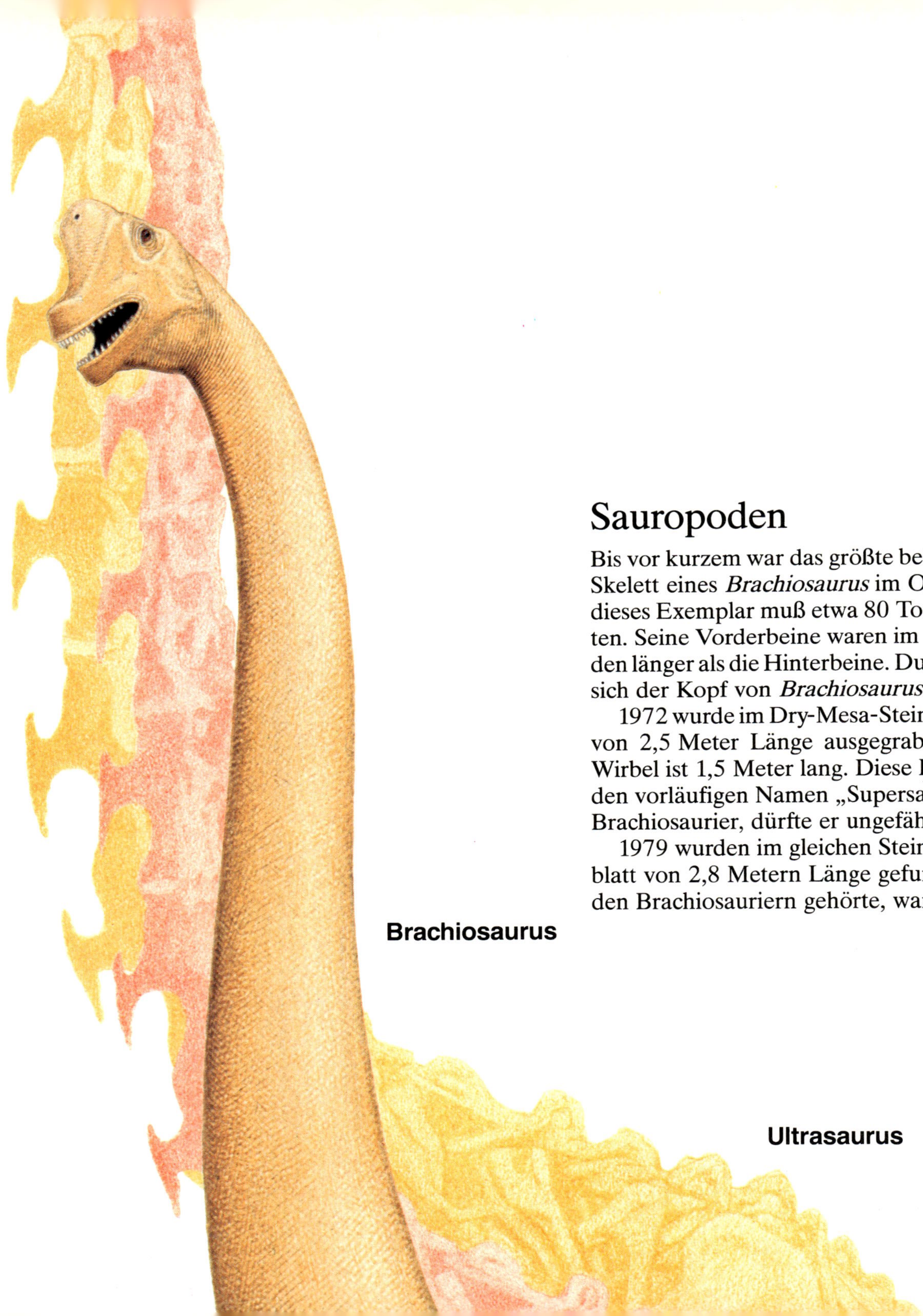

Sauropoden

Bis vor kurzem war das größte bekannte Landtier der Sauropode *Brachiosaurus*. Das Skelett eines *Brachiosaurus* im Ost-Berliner Naturkundemuseum ist 22 Meter lang; dieses Exemplar muß etwa 80 Tonnen gewogen haben — soviel wie 20 große Elefanten. Seine Vorderbeine waren im Gegensatz zu denen der meisten anderen Sauropoden länger als die Hinterbeine. Durch die hohen Schultern und den langen Hals befand sich der Kopf von *Brachiosaurus* in etwa 12 Meter Höhe.

1972 wurde im Dry-Mesa-Steinbruch in Colorado, USA, ein massiges Schulterblatt von 2,5 Meter Länge ausgegraben. Ein vermutlich vom selben Tier stammender Wirbel ist 1,5 Meter lang. Diese Knochenstücke gehörten zu einem Dinosaurier, der den vorläufigen Namen „Supersaurus" bekam. Wenn er genauso gebaut war wie die Brachiosaurier, dürfte er ungefähr 16 Meter hoch gewesen sein.

1979 wurden im gleichen Steinbruch Teile eines Dinosauriers mit einem Schulterblatt von 2,8 Metern Länge gefunden. Wenn dieses Tier, „Ultrasaurus" genannt, zu den Brachiosauriern gehörte, war es vermutlich 19 Meter hoch.

Ultrasaurus

Brachiosaurus

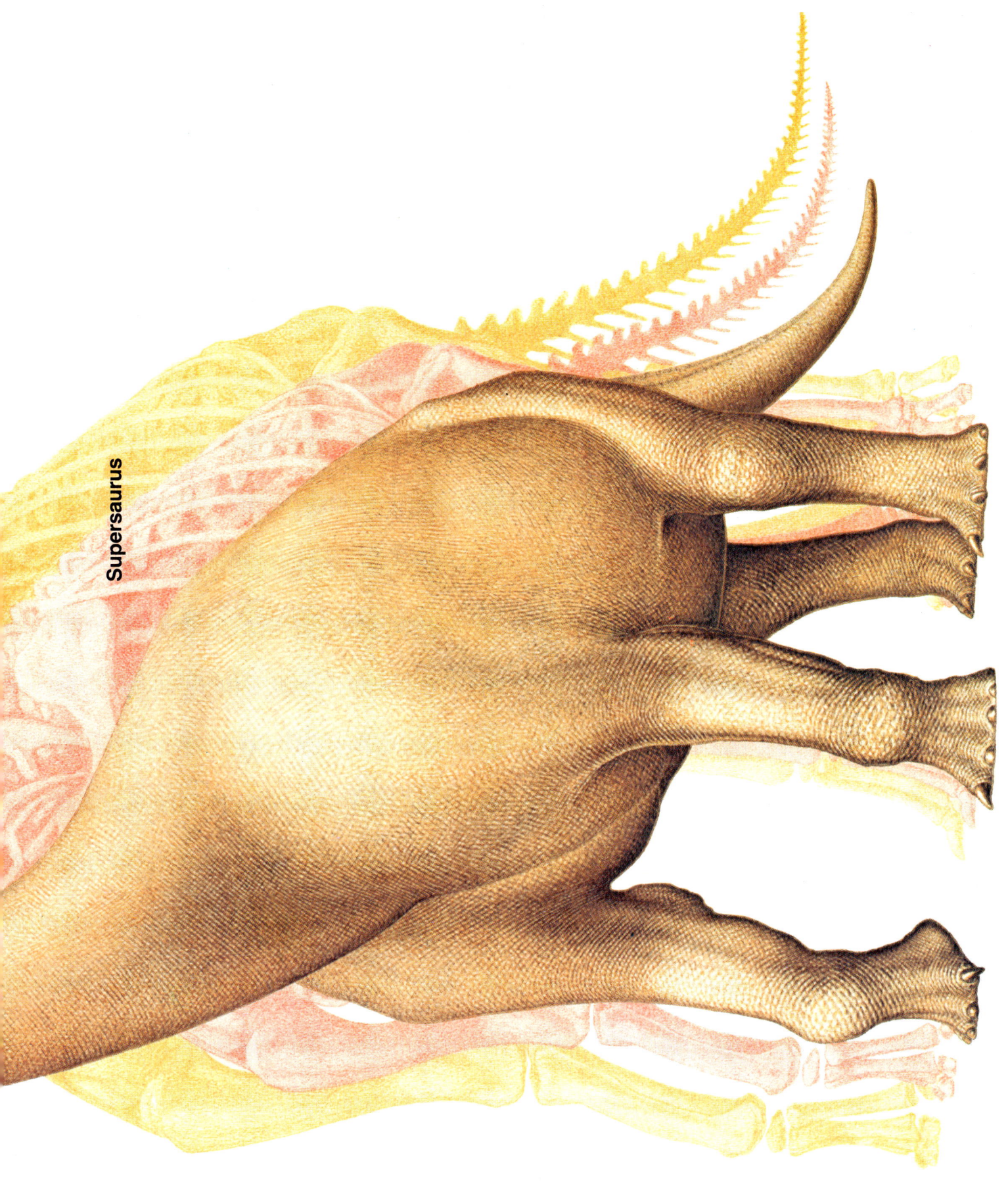

Supersaurus

ORNITHOPODA · *Vogelfuß-Dinosaurier*

Zwei kleine primitive Ornithopoden wurden in den sechziger Jahren in Südafrika entdeckt: *Lesothosaurus* in Lesotho (Basutoland) und *Heterodontosaurus* in der Kapprovinz. Beide waren ungefähr einen Meter lang.

Heterodontosaurus besitzt im Gegensatz zu anderen Reptilien drei verschiedene Arten von Zähnen. Die kleinen, einfachen Zähne im vorderen Teil des Oberkiefers waren auf das Prädentale gerichtet. Hinten in den Kiefern saßen hohe Kauzähne, die wie die Klingen einer Schere funktionierten.

Am ungewöhnlichsten waren die Reißzähne zwischen den vorderen und hinteren Zähnen des Oberkiefers und direkt hinter dem Prädentale des Unterkiefers, die den Eckzähnen von Hunden ähnelten. *Heterodontosaurus* hatte, ebenso wie die späteren Ornithischier, Backentaschen, die ihm das Speichern der Nahrung in der Mundhöhle auch während des Kauens ermöglichten.

Lesothosaurus gilt als einer der urtümlichsten frühen Ornithopoden; er ähnelt den Tieren, aus denen sich alle Ornithopoden (und möglicherweise alle Ornithischier) entwickelten. In vieler Hinsicht ist es der primitivste bekannte Ornithischier. Offensichtlich fehlten *Lesothosaurus* die Backentaschen der meisten anderen Ornithischier, und er besaß auch nur eine Art von Zähnen.

Heterodontosaurus

Lesothosaurus

Hypsilophodonten waren kleine bewegliche Ornithopoden, die noch viele Merkmale ihrer primitiven Vorfahren aufwiesen. Sie hatten ziemlich lange Beine und waren vermutlich schneller als andere Ornithopoden, da sie längere Mittelfußknochen besaßen. *Dryosaurus* war ein großer Hypsilophodont der Oberen Jurazeit. Er erreichte Längen von 3 bis 3,7 Metern.

Dryosaurus

Camptosaurier, die in Europa und Nordamerika gefunden wurden, waren die frühesten und am wenigsten spezialisierten Iguanodonten. Wenn er vor *Allosaurus* oder anderen Fleischfressern flüchten mußte, konnte *Camptosaurus* auf den Hinterbeinen rennen. Die kräftigen Arme und die breiten Hände lassen jedoch vermuten, daß er sich beim Grasen auf allen vieren fortbewegte. Die verschiedenen Camptosaurier-Arten waren zwischen 1,2 und 4,7 Meter lang. Da sie von der Mittleren Jurazeit bis in die Untere Kreidezeit überlebten, könnten die Iguanodonten die Vorfahren der Hadrosaurier (Seite 70—71) gewesen sein.

Camptosaurus

Von *Scelidosaurus* wurden bisher nur wenige aus der Unteren Jurazeit stammende Exemplare im Süden Englands gefunden. Die Skelette zeigen, daß *Scelidosaurus* ein schwer gebautes, etwa 3,7 Meter langes Tier war. Er hatte einen kleinen Kopf und schwache Kiefer, die darauf schließen lassen, daß er sich hauptsächlich von weichem Pflanzenmaterial ernährte. In der Rückenhaut trug er massive Knochenplatten, die möglicherweise als Schutz vor Fleischfressern dienten.

Es wurde vermutet, daß es sich bei *Scelidosaurus* um einen frühen Stegosaurier oder einen Vorfahr der Ankylosaurier (Seite 74—75) handelte. Möglicherweise war er aber keines von beiden.

Scelidosaurus

Stegosaurus

STEGOSAURIA · *Stachel-Dinosaurier*

Unter den mit Knochenplatten ausgestatteten Dinosauriern ist *Stegosaurus* zweifellos der bekannteste. Er wurde in aus der Jurazeit stammenden Ablagerungen in Colorado und Wyoming, USA, gefunden. Sein hervorstechendstes Merkmal war eine Doppelreihe großer, gegeneinander versetzt angeordneter Knochenplatten, die Hals, Rücken und Schwanz bedeckten. Früher waren einige Paläontologen der Meinung, die Platten hätten dem Körper flach angelegen, vielleicht als Schutz vor großen Fleischfressern wie *Allosaurus*. Heute sind die Wissenschaftler jedoch überzeugt, daß die Platten aufrecht standen und viele Blutgefäße

enthielten. In diesem Fall könnten die Platten zur Regelung der Körpertemperatur der großen Tiere gedient haben.

Stegosaurus wurde ungefähr 6 Meter lang und wog etwa 2 Tonnen, aber sein Kopf war nicht größer als der eines großen Hundes, und sein Gehirn war nur walnußgroß. Die Hinterbeine waren wesentlich länger als die Vorderbeine, bei manchen Arten sogar doppelt so lang. Trotzdem lief *Stegosaurus* wahrscheinlich auf allen vieren. Der stachelbewehrte Schwanz diente möglicherweise als Verteidigungswaffe gegen Angreifer.

PTEROSAURIA · *Flugsaurier*

Rhamphorhynchoiden

Die Rhamphorhynchoiden, die langschwänzigen Flugsaurier der Jurazeit, unterschieden sich kaum von ihren
Vorfahren in der Triaszeit. *Rhamphorhynchus*, nach
dem die Familie benannt wurde, war ungefähr 30 bis 60
Zentimeter lang und hatte eine Flügelspannweite von
90 bis 120 Zentimetern. Er hatte lange, einfache Reptilzähne und eine ungewöhnliche Fahne am Ende des
Schwanzes, die möglicherweise als Steuerruder oder
aerodynamischer Stabilisator diente.

Rhamphorhynchus

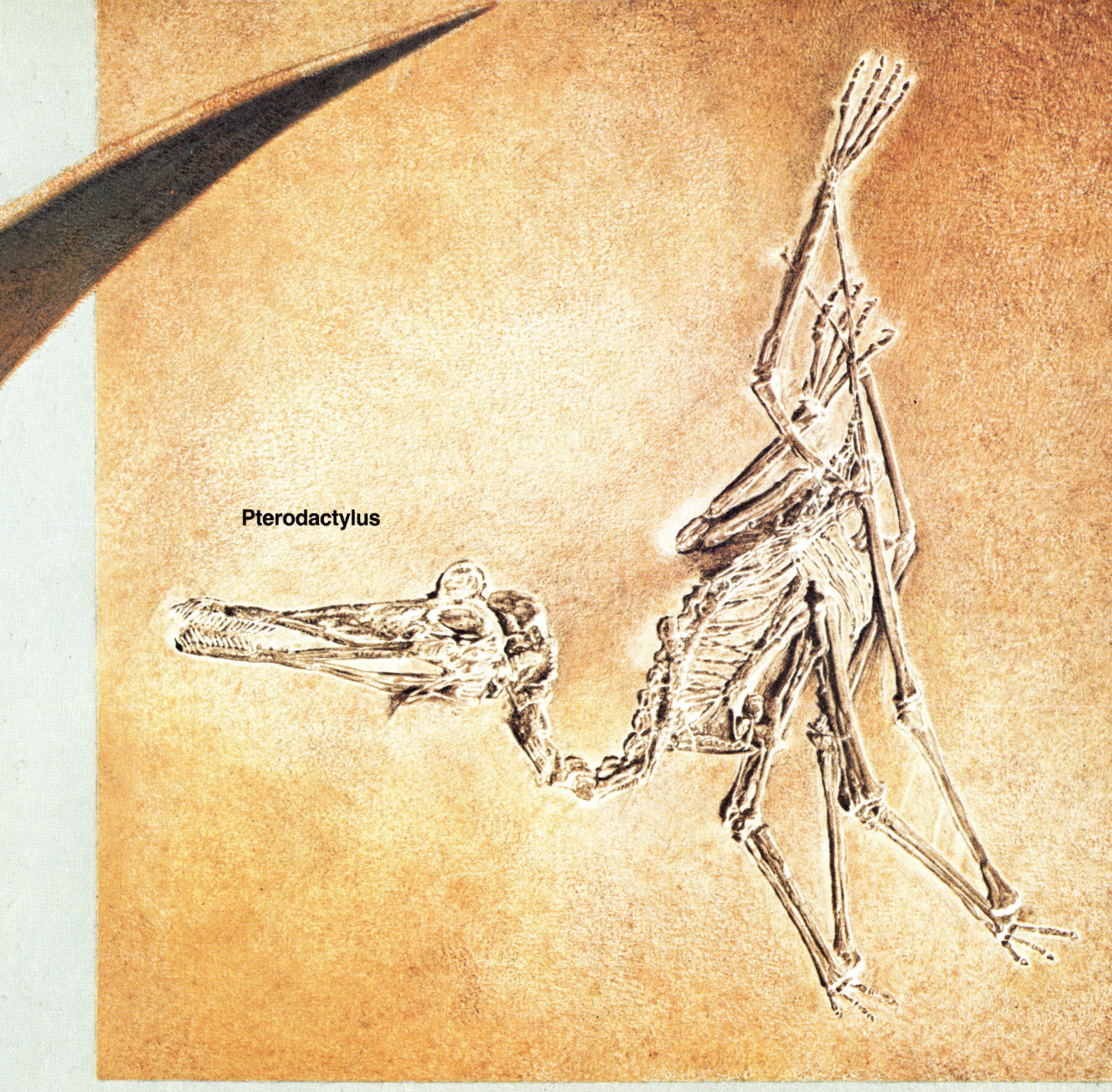

Pterodactylus

Pterodactyloiden

Die Rhamphorhynchoiden wurden im Laufe der Zeit durch eine andere Familie, die Pterodactyloiden (Stummelschwanz-Flugsaurier) ersetzt. Sie hatten nur wenige oder gar keine Zähne, lange Köpfe, lange Hälse und kurze Schwänze. Der ungewöhnliche fünfte Zeh, den alle Rhamphorhynchoiden besaßen, war bei ihnen wesentlich kleiner oder fehlte ganz, und die Mittelhandknochen waren ziemlich lang. Die Pterodactyloiden waren durchweg zierlicher gebaut als die Rhamphorhynchoiden. Pterodactylus war ein kleiner Vertreter dieser Familie mit einer durchschnittlichen Flügelspannweite von 50 Zentimetern; es gab allerdings auch wesentlich kleinere Arten. Diese kleinen Pterosaurier waren in der Oberen Jurazeit weit verbreitete Küstenbewohner.

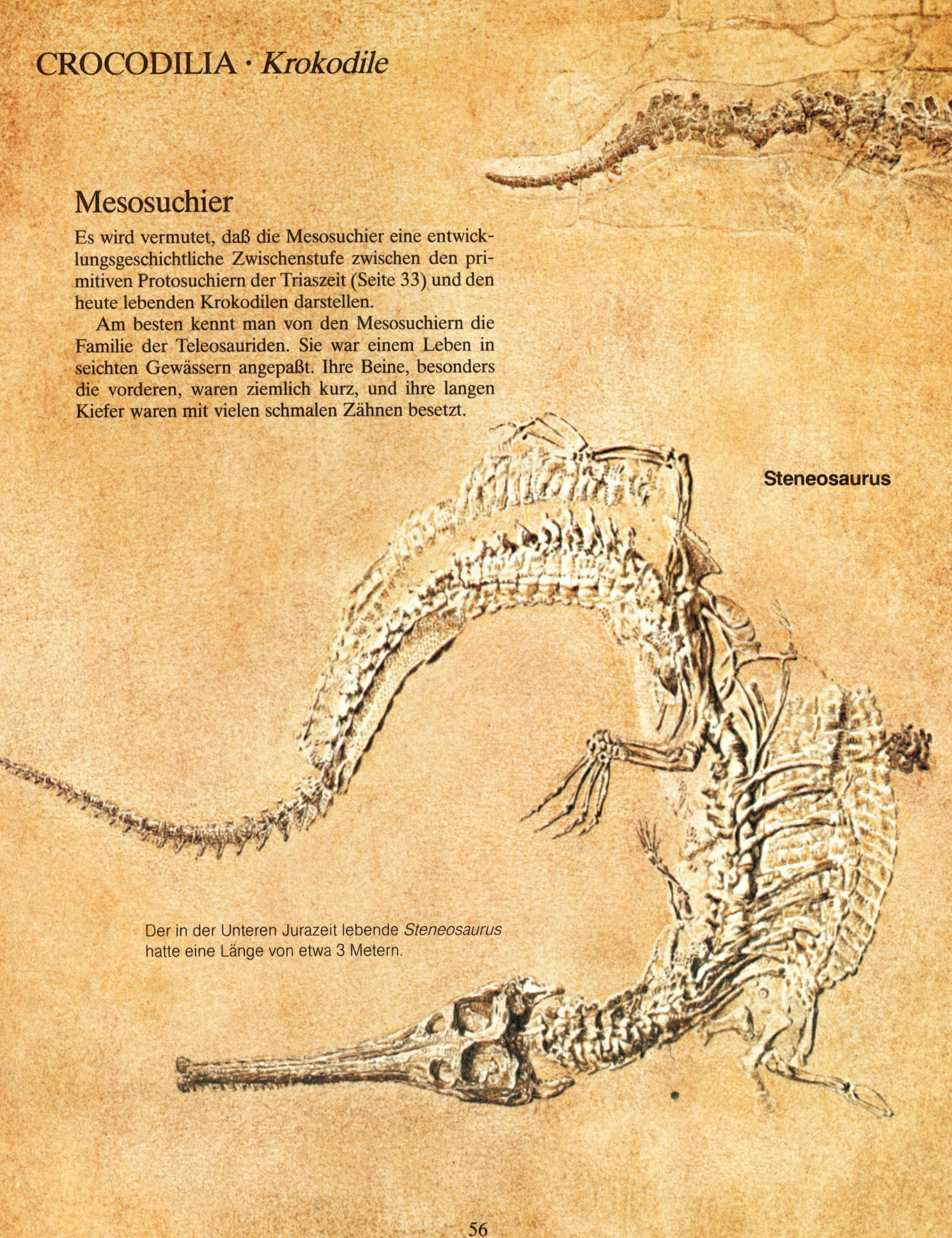

CROCODILIA · *Krokodile*

Mesosuchier

Es wird vermutet, daß die Mesosuchier eine entwicklungsgeschichtliche Zwischenstufe zwischen den primitiven Protosuchiern der Triaszeit (Seite 33) und den heute lebenden Krokodilen darstellen.

Am besten kennt man von den Mesosuchiern die Familie der Teleosauriden. Sie war einem Leben in seichten Gewässern angepaßt. Ihre Beine, besonders die vorderen, waren ziemlich kurz, und ihre langen Kiefer waren mit vielen schmalen Zähnen besetzt.

Steneosaurus

Der in der Unteren Jurazeit lebende *Steneosaurus* hatte eine Länge von etwa 3 Metern.

Geosaurus

Die Familie der Metriorhynchiden entwickelte sich vermutlich aus den Teleosauriern. Ungepanzerte Arten
wie *Geosaurus* waren dem Leben im Meer so gut angepaßt, daß sie manchmal einer besonderen Unterklasse,
den Thalattosuchiern, zugeordnet werden. Diese Mee-
reskrokodile hatten lange, schlanke Körper und zu
Flossen umgewandelte Gliedmaßen. Ihre langen
Schwänze waren am Ende scharf geknickt und stützten
eine fischähnliche Flosse. Die Metriorhynchiden
starben zu Beginn der Kreide aus.

Die Kreidezeit

Die dritte und längste Periode des Mesozoikums, die Kreidezeit, dauerte ungefähr 70 Millionen Jahre. Sie begann vor 135 Millionen Jahren und endete vor 65 Millionen Jahren. Ihr Name kommt von den Kreideablagerungen, die sich in dieser Zeit auf dem Grund der Meere bildeten.

Während der Kreidezeit glitten die Kontinente weiter auseinander (siehe die Karte auf Seite 60). Um die Mitte der Kreidezeit war Gondwanaland zerbrochen: Afrika bewegte sich auf seine heutige Position zu, und eine große Landmasse, die aus Australien, Indien und der Antarktis bestand, verlagerte sich südostwärts. Dann löste sich Indien und begann nach Norden zu driften. Laurasia scheint bis in die Obere Kreidezeit intakt geblieben zu sein, doch dann wurde der Superkontinent durch zwei flache Meere unterteilt. Der östliche Teil Nordamerikas und Europa bildeten Euramerika, und Teile von Asien und der Westen Nordamerikas schlossen sich zu Asiamerika zusammen.

Die Ausbreitung der Meere trennte auch Südamerika von den nördlicher gelegenen Landmassen. Die Tiere konnten nun nicht mehr von Kontinent zu Kontinent wandern. Auf den südlichen Kontinenten waren die Tiere und Pflanzen in der Kreidezeit denen in der Jurazeit sehr ähnlich. Im Norden dagegen, vor allem in Asiamerika, gingen bedeutsame Veränderungen vor sich.

Das bisher durchweg warme Klima wurde feuchter. Immergrüne Bäume wurden allmählich durch laubabwerfende Bäume (darunter Eichen, Hickorybäume und Magnolien) ersetzt. Blütenpflanzen breiteten sich aus. Die neuen Pflanzen stellten ein größeres und vielfältigeres Nahrungsangebot dar und ermöglichten die Entwicklung und Verbreitung völlig neuer Dinosauriergruppen.

Außer dem Pterosaurier *Quetzalcoatlus* (Seite 79) und dem Vogel *Ichthyornis* (Seite 69) lebten alle hier abgebildeten Tiere während der Oberen Kreidezeit in Alberta, Kanada.

Die beiden Entenschnabel-Dinosaurier der Art *Parasaurolophus* schauen zu, wie ein gehörnter *Monoclonius* (Seite 77) den Tyrannosaurier *Gorgosaurus* abwehrt, während zwei Exemplare von *Struthiomimus* (Seite 64) flüchten. Im Vordergrund der gepanzerte *Scolosaurus* (Seite 74) und der Deinonychosaurier *Dromaeosaurus* (Seite 64).

Zur Vegetation dieser Zeit gehörte eine Vielzahl von Angiospermen (Blütenpflanzen).

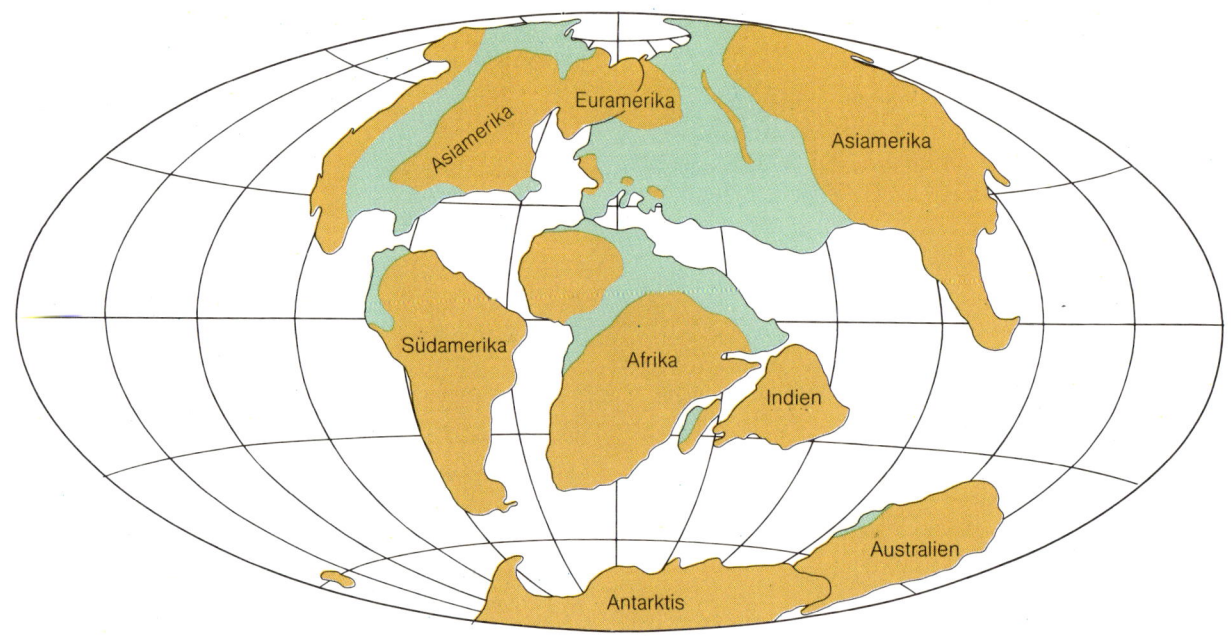

In der Oberen Kreide, vor ungefähr 90 Millionen Jahren, war Südamerika eine Insel, und Indien war in nordöstlicher Richtung auf Asien zugedriftet. Auf den Kontinenten waren seichte Meere entstanden (blau gezeichnet).

Theropoden

Bei den Raubtierfuß-Dinosauriern waren viele Coelurosaurier der Kreide ihren Vorfahren in der Trias- und in der Jurazeit sehr ähnlich. Andere, zum Beispiel die Ornithomimiden („Vogel-Nachahmer"), waren anmutig, schnell und zum Teil auch recht groß. Viele Paläontologen fassen die Ornithomimiden in einer eigenen Infraordnung, den Ornithomimosauriern, zusammen.

Deinocheirosaurier sind nur durch einen einzigen in der Mongolei gemachten Fund bekannt. Dort wurden ein Paar Hände, Arme und Schulterblätter entdeckt. Diese Knochen sind denen der Ornithomimiden sehr ähnlich, aber so riesig, daß sie einer eigenen Infraordnung, den Deinocheirosauriern, zugeteilt wurden.

In der Kreidezeit entwickelte sich eine neue Gruppe von Theropoden, die Deinonychosaurier. Sie waren geschickte, bewegliche Jäger mit einem ausgezeichneten Koordinations- und Wahrnehmungsvermögen und jagten vermutlich in Rudeln. Gewisse Besonderheiten im Knochenbau lassen darauf schließen, daß diese kleinen Raubtiere mit *Archäopteryx* nahe verwandt waren — und daß Deinonychosaurier und Vögel von einem gemeinsamen Vorfahren abstammen.

Die Infraordnung Segnosauria wurde 1980 eingerichtet, nachdem in der Mongolei Fossilien eines zierlichen Fleischfressers gefunden wurden. Obwohl die Schambeine bei diesen Tieren parallel zu den Sitzbeinen verlaufen, wurden sie der Ordnung Saurischia zugeteilt, deren sonstige Angehörige einen anderen Beckenbau aufweisen. Segnosaurier hatten keine Vorderzähne; an jedem Fuß saßen vier nach vorne zeigende Zehen mit langen Krallen.

Die Gewohnheiten der Segnosaurier und das Verhältnis, in dem sie zu anderen Theropoden stehen, sind noch unbekannt, aber ihre Entdeckung wird sicherlich einige grundlegende Veränderungen im bisherigen Klassifikationssystem notwendig machen.

Vögel

Die bekanntesten fossilen Vögel der Kreidezeit waren Meeres- oder Strandvögel. (Fossilien, besonders solche von leichtgebauten Tieren wie Vögeln oder Pterosauriern, bleiben in Ablagerungen auf dem Meeresboden häufiger erhalten als auf dem Festland.) Zu den bekanntesten und interessantesten Gattungen gehören die Zahnvögel.

Carnosaurier

In der Familie der Tyrannosauriden finden sich einige der bemerkenswertesten Carnosaurier (Raubtierzahn-Dinosaurier). Die furchterregendste Art war zweifellos *Tyrannosaurus*, das größte bekannte Landraubtier aller Zeiten.

Eine interessante Carnosaurier-Familie, die Spinosauriden, entwickelte sich in der Oberen Jurazeit. Die Rückenwirbel von *Spinosaurus* hatten Dornfortsätze, die wahrscheinlich ein ähnliches Rückensegel stützten, wie es der Pelycosaurier *Dimetrodon* (Seite 12) besaß. Bei den Spinosauriern der Kreidezeit wurden diese Rückensegel zunehmend größer; einige der Dornfortsätze waren rund 2 Meter lang.

Sauropodomorphen

Die bekanntesten und beeindruckendsten Sauropoden stammen aus der Jurazeit. Die Sauropoden der Kreidezeit unterschieden sich nur in Einzelheiten von ihren Vorfahren der Jurazeit; so war zum Beispiel eine in der Kreidezeit lebende Art gepanzert. Obwohl die „Brontosaurier" bis fast zum Ende der Kreidezeit überlebten, mußten sie jedoch ihre Stellung als vorherrschende Pflanzenfresser an die Ornithischier der Kreidezeit abgeben.

Ornithischier

Während der Kreidezeit entwickelten sich einige Familien zweifüßiger Ornithischier (Vogelbecken-Dinosaurier). Die größte und bekannteste ist die der Hadrosauriden. Diese „Entenschnabcl-Dinosaurier" lebten während der Kreidezeit in ganz Laurasia und stammen vermutlich von Iguanodonten ab.

Hadrosaurier (Seite 70—71) wurden bis zu 12,5 Meter lang; im Knochenbau unterschieden sie sich nur geringfügig voneinander. Die Vorderenden der Kiefer waren so abgeflacht, daß sie Entenschnäbeln ähnelten. Hinter den Hornschnäbeln saßen gewaltige Zahnbatterien, die bei späteren Gattungen oft Hunderte von Zähnen enthielten. Die Schwänze der Hadrosaurier waren seitlich abgeflacht, und Fossilien lassen erkennen, daß zwischen den Fingern Schwimmhäute saßen, was darauf hindeutet, daß die Tiere sich zumindest zeitweise im Wasser aufhielten. Versteinerte Mageninhalte deuten allerdings darauf hin, daß die Hadrosaurier sich von Kiefernnadeln, -zapfen und -zweigen ernährten.

Vor kurzem wurden in Montana Fossilien von Nestern mit jungen Hadrosauriern (*Maisaura*) gefunden. Dieser Fund läßt vermuten, daß Hadrosaurier auch nach dem Ausschlüpfen noch für ihre Jungen sorgten und daß die sozialen Bindungen, die unter ihnen bestanden, intensiver waren als bei den neuzeitlichen Reptilien.

Fossilien von *Pachycephalosaurus* (Seite 72—73) sind selten und bestehen auch nur aus Bruchstücken. Die Schädeldächer der bipeden „Dickschädel-Echsen"

waren zu massiven Knochenhelmen verdickt. Manche Paläontologen sind der Ansicht, daß die Pachycephalosauriden nicht der Ordnung Ornithopoda zugeordnet werden, sondern eine eigene Unterordnung bilden sollten.

Von *Troodon* kannte man fast ein Jahrhundert lang nur einige kleine, spitze, sägeartige Zähne. 1979 und 1980 wurden weitere Zähne gefunden und ein Kieferknochen, der anscheinend ein Prädentale besaß. Zur Zeit versuchen die Wissenschaftler herauszufinden, ob *Troodon* wirklich ein fleischfressender Ornithischier war. Alle anderen bekannten Ornithischier waren Pflanzenfresser.

Die Stegosaurier verschwanden gegen Ende der Jurazeit, aber an ihre Stelle trat eine andere Unterordnung von Vierfüßern, die Ankylosaurier (gepanzerte Dinosaurier). Ihre Abstammung ist noch unbekannt.

Eine Vielzahl von Ceratopsiern (Horn-Dinosaurier) entwickelte sich in der Oberen Kreidezeit. Die meisten waren groß und schwer gebaut, mit riesigen Schädeln, papageiähnlichen Schnäbeln und langen, mit Schneidezähnen besetzten Kiefern. Sie liefen auf allen vieren. Die Ceratopsier unterschieden sich in erster Linie durch die Anordnung der Hörner und durch die Form und Größe des Nackenschildes voneinander.

Pterosaurier

Zu den Flugsauriern der Kreide gehörten die größten fliegenden Tiere der Welt. Fossilien von *Pteranodon* weisen Flügelspannweiten von über 7,5 Meter auf. 1972 wurden im Big Bend National Park in Texas Pterosaurier-Überreste gefunden. Sie bestanden aus einem vollständigen und einem fast vollständigen Armknochen und mehreren Bruchstücken von Flügelknochen. Vergleichende Messungen an in der Nähe gefundenen kleineren Fossilien, die vermutlich zur selben Gattung gehörten, ergaben eine Flügelspannweite von 11 Metern.

Krokodile

Neuzeitliche Krokodile der Unterordnung Eusuchia gab es schon in der Unteren Kreidezeit, und gegen Ende dieser Periode waren Alligatoren und Krokodile in ganz Laurasia anzutreffen.

Die Mesosuchier überdauerten auch die Kreidezeit; es ist sogar möglich, daß noch vor einer Million Jahren einige Arten in Australien lebten. Die Mesosuchier der Kreidezeit wiesen sehr unterschiedliche Größen auf — von etwa 30 Zentimetern bis zu 11 Metern Länge — und waren in einer größeren Vielfalt von Lebensräumen anzutreffen, als ihre heute lebenden Verwandten, die Krokodile.

THEROPODA · *Raubtierfuß-Dinosaurier*

Deinonychosaurier

1964 entdeckte Dr. John Ostrom im US-Staat Montana das Fossil eines Theropoden mit sehr ungewöhnlichen Füßen. Nur zwei der vier Zehen (die dritte und vierte) wurden zum Stehen und Laufen benutzt. Die zweite Zehe, die vom Boden abgehoben war, trug eine scharfe, sichelförmige Kralle. Dr. Ostrom nannte diesen Dinosaurier *Deinonychus* („schreckliche Kralle").

Deinonychus war 2,5 bis 2,8 Meter lang und wog zwischen 80 und 90 Kilogramm. Sein Körperbau läßt darauf schließen, daß er auf flinke Bewegungen und heftige Angriffe spezialisiert war. Während eines Angriffs stand er auf einem Hinterbein und schlug die Kralle des anderen in die Beute. Dieses Verhalten erfordert eine gute Körperbeherrschung, ausgezeichnetes Sehvermögen, ein großes Gehirn und ein hohes Energieniveau — Eigenschaften, die nur Warmblüter besitzen. Deinonychosaurier jagten in Rudeln und griffen größere Pflanzenfresser gemeinsam an.

Deinonychus

Bis zu 75 Zentimeter lange Knochenstäbe (dargestellt in Orange) verstärkten den langen Schwanz, so daß ihn *Deinonychus* als Balancierstange benutzen konnte.

Bei diesem Fossil eines *Deinonychus*-Fußes ist der sichelförmige Knochen über 8 Zentimeter lang. Zu Lebzeiten des Tieres war er noch mit einer messerscharfen Hülle bedeckt, so daß *Deinonychus* eine furchtbare, 13 Zentimeter lange Kralle besaß.

Deinonychus konnte seine langen, kräftigen Hände zueinander drehen. So konnte er seine Beute festhalten und die Krallen der Hinterfüße in sie schlagen.

THEROPODA · *Raubtierfuß-Dinosaurier*

Ornithomimiden

Viele Coelurosaurier der Kreidezeit ähnelten ihren Vorgängern. Aber in der Oberen Kreidezeit entwickelte sich in Asiamerika eine ganz neue Familie der Theropoden: die Ornithomimiden. Da diese sich stark von den Coelurosauriern unterscheiden, sollten sie nach Ansicht einiger Wissenschaftler eine eigene Infraordnung — Ornithomimosauria — bilden.

Die Ornithomimiden, auch Strauß-Echsen genannt, ähnelten den heute lebenden flugunfähigen Vögeln (Seite 90—91), hatten aber lange Schwänze, lange Arme und lange Greiffinger. Da sie keine scharfen Zähne besaßen, haben sie sich vermutlich nicht ausschließlich von Fleisch ernährt.

Struthiomimus

Dromaeosaurus

Struthiomimus, der „Strauß-Nachahmer", war ungefähr 3,7 Meter lang und damit etwas größer als die heute lebenden Strauße. Er rannte auf dreizehigen Hinterfüßen und war wahrscheinlich schneller als die kleinen, gefährlichen Deinonychosaurier wie *Dromaeosaurus*.

Deinonychosaurier

Saurornithoides war ein kleiner Fleischfresser, der in der Mongolei gefunden wurde. Seine großen, weit auseinanderstehenden Augen lassen auf ein ausgezeichnetes Sehvermögen mit großer Tiefenschärfe schließen. Dieses gewandte kleine Lebewesen mit dem großen Gehirn machte vermutlich Jagd auf wahrscheinlich nachtaktive kleine Säugetiere wie *Zalambdalestes*.

Saurornithoides

Zalambdalestes

Tyrannosaurus

Carnosaurier

Während der Oberen Kreidezeit entstand in Asiamerika eine neue Carnosaurier-Familie: die Tyrannosauriden. *Tyrannosaurus* war über 12 Meter lang, hatte eine Hüfthöhe von 3 Metern und wog etwa 7 Tonnen. Seine wichtigsten Waffen waren große Krallen an den kräftigen Hinterbeinen und die 15 Zentimeter langen, sägeartigen Zähne, mit denen die 1,2 Meter langen Kieferknochen bestückt waren. Die Vorderbeine waren zwar gut bemuskelt, aber unverhältnismäßig kurz und endeten in zwei scharfen Krallen. Mit diesen kurzen Vorderbeinen konnte *Tyrannosaurus* nicht einmal sein eigenes Maul erreichen. Obwohl er meistens als aktiver Jäger abgebildet wird, sind einige Wissenschaftler der Ansicht, daß *Tyrannosaurus* dazu zu groß und zu ungeschickt war. Möglicherweise war er Aasfresser.

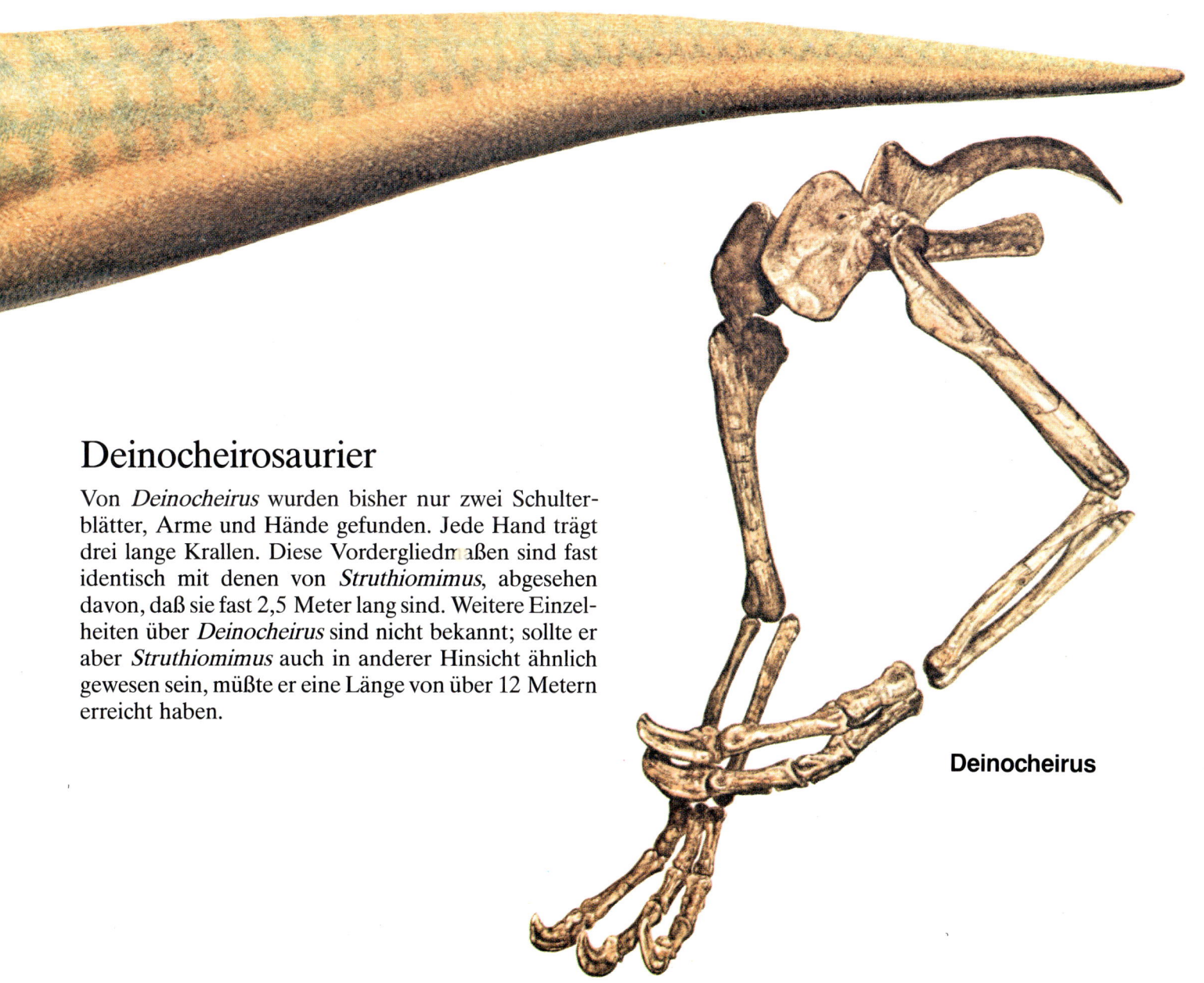

Deinocheirosaurier

Von *Deinocheirus* wurden bisher nur zwei Schulterblätter, Arme und Hände gefunden. Jede Hand trägt drei lange Krallen. Diese Vordergliedmaßen sind fast identisch mit denen von *Struthiomimus*, abgesehen davon, daß sie fast 2,5 Meter lang sind. Weitere Einzelheiten über *Deinocheirus* sind nicht bekannt; sollte er aber *Struthiomimus* auch in anderer Hinsicht ähnlich gewesen sein, müßte er eine Länge von über 12 Metern erreicht haben.

Deinocheirus

Odontognathae

Hesperornis und *Ichthyornis* werden gewöhnlich der Unterklasse Odontognathae (Zahnvögel) zugeordnet, weil diese in der Oberen Kreidezeit lebenden Vögel Zähne trugen. *Hesperornis* war ein Tauchvogel, von etwa einem Meter Höhe. Er besaß keinen keilförmigen Brustbeinkamm, sein Schultergürtel war schwach, und die Flügel bestanden nur aus einem einzigen Knochen, dem Oberarm. *Hesperornis* konnte sicherlich nicht fliegen, und seine Beine waren dem Leben im Wasser so gut angepaßt, daß er vermutlich Schwierigkeiten hatte, sich auf dem Land fortzubewegen.

Hesperornis

Ichthyornis

Ichthyornis dagegen konnte sehr gut fliegen. Sein Skelett weist einen stabilen Brustbeinkamm, einen starken Schultergürtel und kräftige Flügelknochen auf. Abgesehen von seinen Zähnen war er den heute lebenden Vögeln sehr ähnlich. Er ernährte sich wahrscheinlich von Fischen und lebte wie die heutigen Seeschwalben. Fossile Überreste wurden in Kansas gefunden, das zu *Ichthyornis'* Lebzeiten von einem flachen Meer bedeckt war.

ORNITHOPODA · *Vogelfuß-Dinosaurier*

In Asiamerika lebte in der Oberen Kreidezeit eine große Gemeinschaft von Hadrosauriern, die den Ornithopoden zugerechnet werden. In Euramerika und Gondwanaland dagegen wurde nur die primitivste Unterfamilie der Unteren Kreidezeit gefunden.

Corythosaurus

Saurolophus

Es gab nicht viele Arten von Hadrosauriern. Im großen und ganzen waren sich die Hadrosaurier ziemlich ähnlich, nur in einigen Details unterschieden sie sich erheblich voneinander. Die interessantesten Unterscheidungsmerkmale sind die verschiedenen Schädelformen. Die Hadrosaurier, die einen Kamm auf dem Schädeldach trugen, werden in zwei Gruppen eingeteilt. Die Unterfamilie, die massive Knochenkämme besaß, ist klein und besteht nur aus fünf Gattungen; zu ihr gehört *Saurolophus.* Bei den Vertretern der größeren Unterfamilie enthielt der Kamm lange, oft gewundene Nasengänge. Diese Entwicklung könnte zur Verbesserung des Riechvermögens oder zum Verstärken der Stimme gedient haben. *Corythosaurus* besaß solch einen hohlen Knochenkamm, *Anatosaurus* dagegen war ein Hadrosaurier ohne Knochenkamm; diese Gattung war sehr erfolgreich und überlebte fast alle anderen Hadrosaurier.

Anatosaurus

ORNITHOPODA · *Vogelfuß-Dinosaurier*

Die Pachycephalosaurier liefen offenbar ausschließlich auf den Hinterbeinen. Ihren Namen „Dickköpfe" verdanken sie extrem verdickten Schädeldächern, die mit Knochenhöckern versehen waren. Der Schädel von *Pachycephalosaurus*, der größeren der beiden bekannten Gattungen, war 60 Zentimeter lang und trug einen Helm aus einem 25 Zentimeter dicken Knochen. *Stegoceras* war wesentlich kleiner; er wurde nur rund 2 Meter lang. Die wenigen aussagekräftigen Fossilien dieser Gruppe stammen aus der oberen Kreidezeit und wurden in Asiamerika gefunden. Wissenschaftler vermuten, daß sich die männlichen Pachycephalosaurier ebenso wie die heute lebenden Widder gegenseitig mit den Köpfen stießen, um die Rangordnung innerhalb der Herde festzulegen.

Stegoceras

Schädel eines *Pachycephalosaurus*

ANKYLOSAURIA · *Panzer-Dinosaurier*

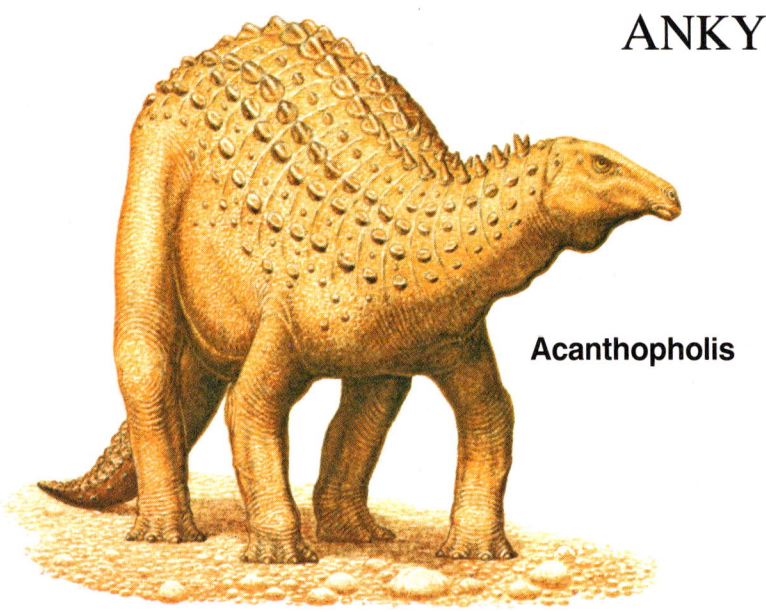

Acanthopholis

Zur Unterordnung der Ankylosaurier gehören zwei Familien: die Nodosauriden und die Ankylosauriden. Nur die primitiveren Nodosauriden kamen sowohl in Euramerika als auch in Asiamerika vor. Mosaikartig angeordnete Knochenplatten, die zum Teil mit scharfen Spitzen versehen waren, schützten die Ankylosaurier vor Angreifern. Die Schwänze einiger Arten waren am Ende keulenartig verdickt und dienten als Waffe.

Acanthopholis war ein früher Nodosauride. Fossilbruchstücke von ihm wurden in England gefunden.

Scolosaurus

Scolosaurus war ein großer Ankylosauride aus der Oberen Kreidezeit in Alberta, Kanada.

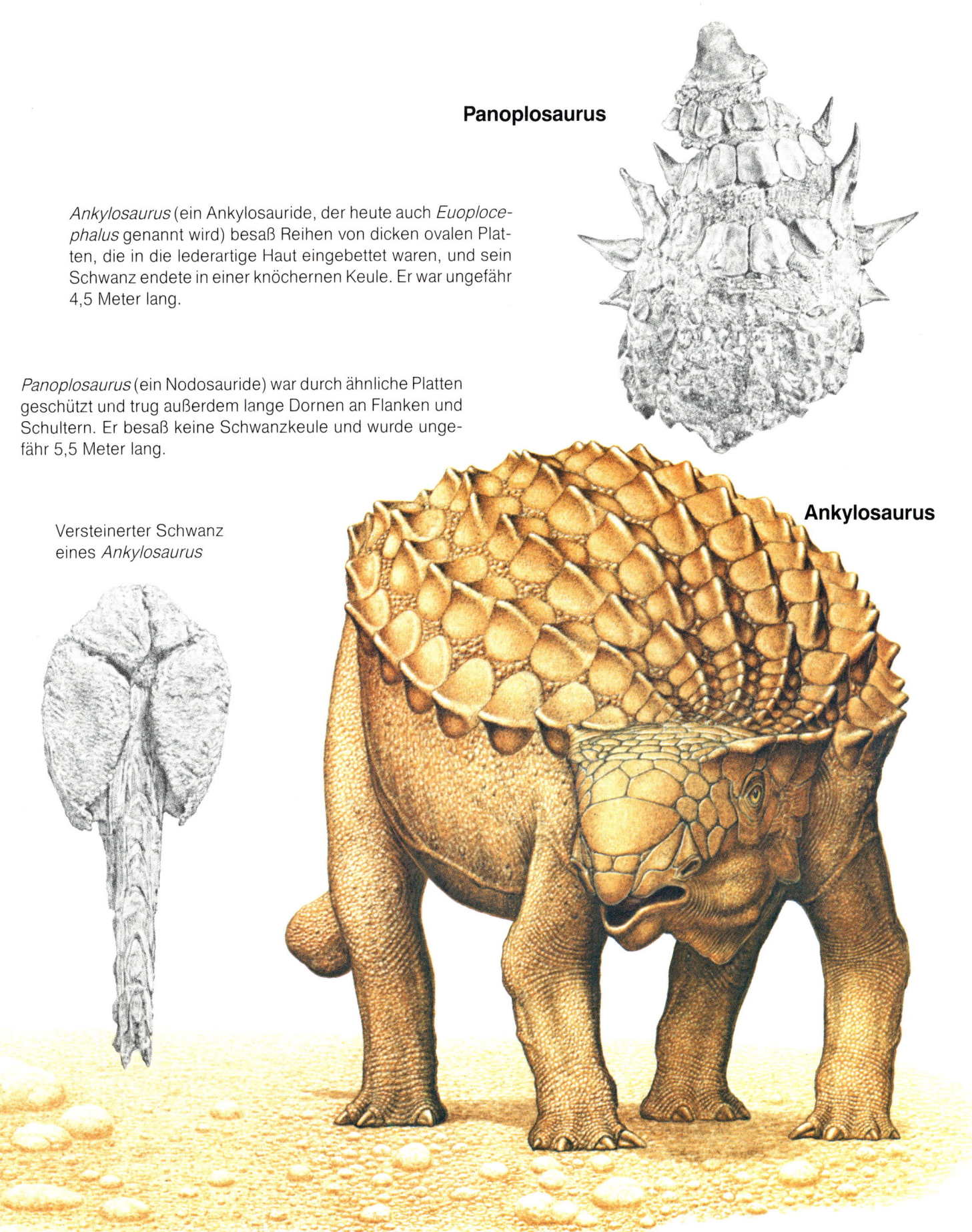

Panoplosaurus

Ankylosaurus (ein Ankylosauride, der heute auch *Euoplocephalus* genannt wird) besaß Reihen von dicken ovalen Platten, die in die lederartige Haut eingebettet waren, und sein Schwanz endete in einer knöchernen Keule. Er war ungefähr 4,5 Meter lang.

Panoplosaurus (ein Nodosauride) war durch ähnliche Platten geschützt und trug außerdem lange Dornen an Flanken und Schultern. Er besaß keine Schwanzkeule und wurde ungefähr 5,5 Meter lang.

Versteinerter Schwanz eines *Ankylosaurus*

Ankylosaurus

Triceratops

CERATOPSIA · *Horn-Dinosaurier*

Psittacosaurus

Als letzte Ornithischier-Unterordnung entwickelten sich die Ceratopsier oder Horndinosaurier. Sie stammen alle aus der Oberen Kreidezeit Asiamerikas.

Monoclonius war ungefähr 6 Meter lang.

Monoclonius

Psittacosaurus wird oft den Ornithopoden zuge-ordnet, weil er gelegentlich auf den Hinterbeinen lief. Viele Wissenschaftler sind jedoch der Meinung, daß er mit den Vorfahren der Ceratopsier enger verwandt war. *Psittacosaurus* erreichte Längen von rund 2 Metern.

Protoceratops war nach Ansicht aller Wissenschaftler der erste Ceratopsier. Er war rund 2 Meter lang.

Protoceratops

Der bekannteste Horn-Dinosaurier ist *Triceratops.* Dieser gewaltige Ceratopsier wurde ungefähr 7 Meter lang und wog zwischen 8 und 9 Tonnen.

Triceratops war so groß und besaß so wirksame Verteidigungs-waffen, daß man sich nur schwer vorstellen kann, daß er anderen Dinosauriern, wie etwa *Tyrannosaurus,* zum Opfer fallen konnte.

Gegen Ende der Kreidezeit zogen große Herden von *Triceratops* durch den Westen Nordamerikas.

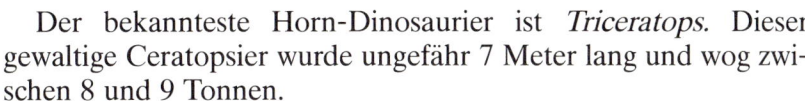

PTEROSAURIA · *Flugsaurier*

Pterodactyloiden

Die Pterosaurier der Kreidezeit gehören zur Unterordnung Pterodactyloidea. Sie waren erheblich seltener als während der Jurazeit — wahrscheinlich, weil sie mit den Vögeln konkurrieren mußten. Trotzdem gab es unter ihnen einige bemerkenswerte Arten, darunter die größten Tiere, die jemals flogen.

Die allgemeine Tendenz scheint ein vermehrtes Größenwachstum ohne entsprechende Gewichtszunahme gewesen zu sein. *Pteranodon* erreichte Flügelspannweiten bis 7,8 Meter, hat aber wahrscheinlich nicht mehr als 9 bis 14 Kilogramm gewogen.

Viele Pterodactyloiden trugen Knochenkämme, und bei manchen Exemplaren von *Pteranodon* war der Knochenkamm doppelt so lang wie der zahnlose Schädel. Versuche im Windkanal haben ergeben, daß der Knochenkamm beim Fliegen als Seitenruder gedient haben könnte.

Pteranodon

Es gab aber auch einige große Pterosaurier, die auch ohne Knochenkamm offensichtlich gut zurechtkamen. 1972 wurden im Big Bend National Park in Texas Überreste eines riesigen kreidezeitlichen Pterosauriers gefunden. Die Flügelspannweite von *Quetzalcoatlus* wird auf 11 Meter geschätzt.

Quetzalcoatlus

CROCODILIA · *Krokodile*

Eusuchier

Deinosuchus war ein sehr großer Eusuchier (Familie Crocodylidae), der in der Oberen Kreidezeit in Nordamerika und Europa lebte. Diese Abbildung basiert auf einer Rekonstruktion seines Schädels, die im Amerikanischen Museum für Naturgeschichte in New York ausgestellt ist. Der Kopf allein war vermutlich fast 2 Meter lang.

Deinosuchus

Die meisten Krokodile, die in der Oberen Kreidezeit und zu Beginn des Känozoikums im Westen Nordamerikas lebten, werden der Gattung *Leidyosuchus* zugeordnet. Die gefundenen Exemplare weisen jedoch so große Unterschiede auf, daß einige Wissenschaftler vorgeschlagen haben, sie in verschiedene Gattungen aufzuteilen.

Die hier abgebildete Art ist durch einige in North Dakota gefundene Fossilien bekanntgeworden. Bei diesem Tier handelt es sich um einen großen Eusuchier mit einer langen Schnauze, der sich vermutlich von Fischen ernährte. Allerdings deuten die recht langen Vorderbeine und die starke Panzerung darauf hin, daß es mehr Zeit auf dem trockenen Land verbrachte als die heutigen Krokodile.

Leidyosuchus

Das Känozoikum

Das Känozoikum, das Zeitalter der Säugetiere, ist in zwei Epochen unterteilt: das Paläogen und das Neogen (siehe die Zeittafel auf der folgenden Seite).

Die Pflanzen des Paläogens gehören fast ausschließlich zu auch heute noch vorkommenden Gattungen, allerdings waren es meist andere Arten. Viele Arten des Neogens dagegen sind mit den heute lebenden Pflanzen identisch.

Während fast des ganzen Paläogens waren Gebiete, die heute in kühlen, gemäßigten Zonen liegen, wesentlich wärmer und feuchter. Das Klima des Paläogens war auf der ganzen Erde relativ einheitlich. Fossilien von Krokodilen und eine Vielzahl von subtropischen Bäumen, darunter Palmen, wurden in Gegenden gefunden, in denen sie heute nicht existieren könnten. In Grönland, Sibirien und im Norden Alaskas gab es Wälder aus Sequoien, Ulmen, Eichen, Walnuß- und anderen Bäumen, die nur in feuchten, gemäßigten Klimazonen wachsen. In aus dem Paläogen stammenden Ablagerungen in Alaska wurden sogar versteinerte Blätter von Magnolien und Feigenbäumen gefunden. Allerdings sind auch vereinzelte Gletscherablagerungen aus dieser Zeit bekannt; sie entstanden offenbar bei der Gebirgsbildung, die atmosphärische Störungen und Niederschläge auslöste.

Während verschiedener Zeitabschnitte des Paläogens bedeckten flache Meere viele Gebiete, die heute trocken sind.

Im Neogen nahmen die Temperaturen allmählich ab, und weite Landstriche wurden kühler und trockener. Auch während des Neogens wurden wieder große Gebiete überschwemmt, die allerdings mit denen des Paläogens nicht identisch waren. Allmählich zog sich dann das Wasser wieder zurück. In den letzten zwei Millionen Jahren des Neogens gab es Zeiten, in denen weite Teile der Erdoberfläche mit gewaltigen Eismassen bedeckt waren.

Diese Abbildung zeigt Rekonstruktionen von *Diatryma*, einem großen fleischfressenden Vogel (Seite 86), und *Oxyaena*, einem fleischfressenden Säugetier (Ordnung Creodonta), das gerade eine kleine Herde frühzeitlicher Pferde (*Hyracotherium*) angreifen will.

Eingerahmt vom riesigen Stoßzahn des Mammutskeletts ist der Abdruck eines Hartriegel-Blattes. Bei dem in Bernstein eingelagerten Insekt handelt es sich um *Sphecomyrma*, eine Übergangsform zwischen Ameisen und Wespen. Der Schädel gehört zu *Zinjanthropus*, einem fast 2 Millionen Jahre alten Hominiden.

In der Luft befinden sich eine Fledermaus und ein Rotschulterbussard.

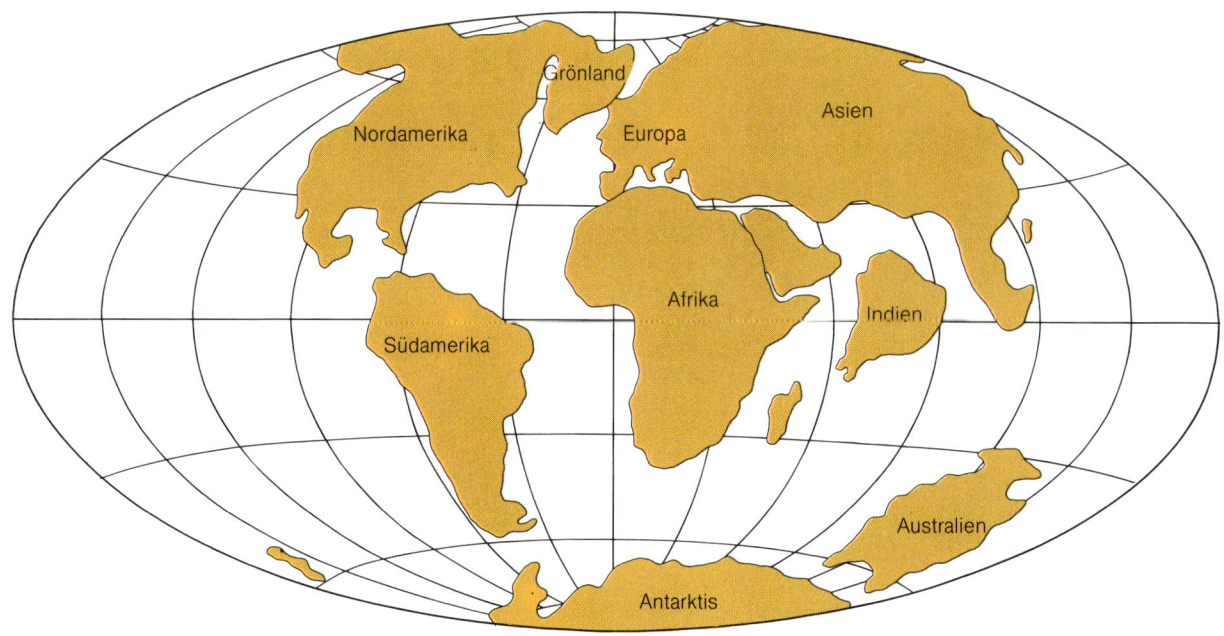

Im Känozoikum, vor 45 Millionen Jahren, hatte Indien auf seinem Weg in Richtung Asien den Äquator überquert. Afrika war dichter an Europa herangedriftet, und Australien hatte sich von der Antarktis gelöst.

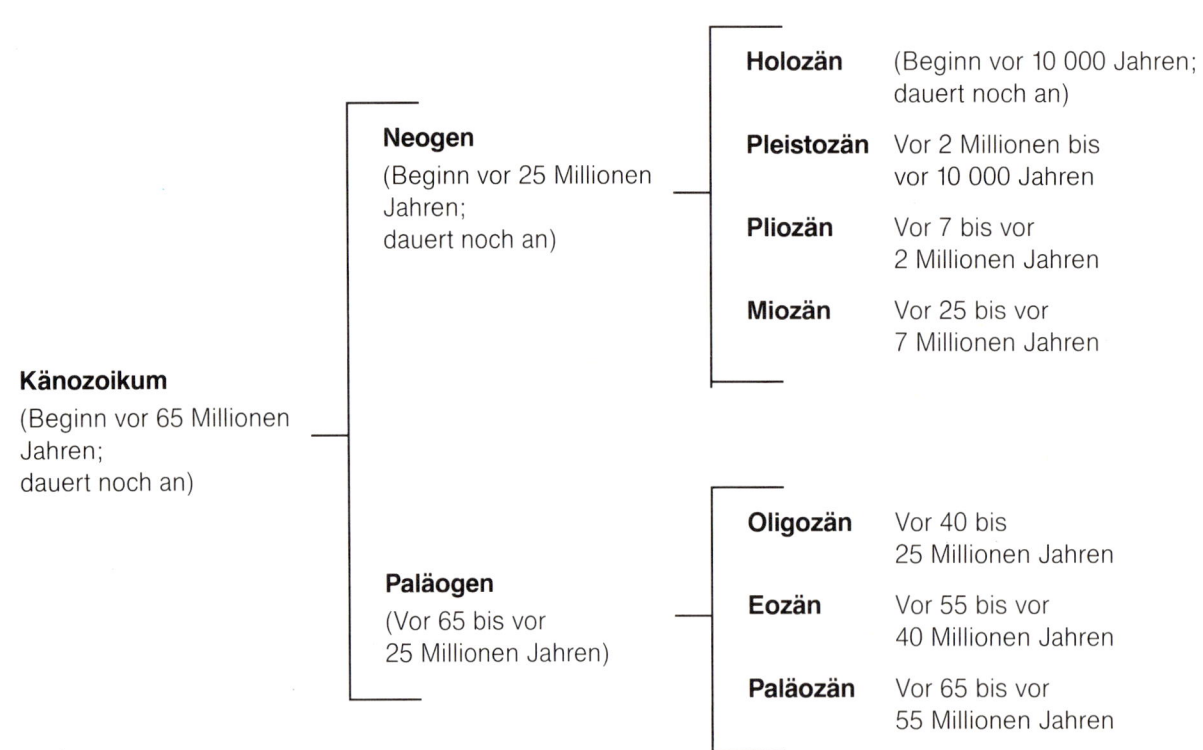

Tiere des Paläogens

Durch das gewaltige Artensterben zum Ende der Kreidezeit waren in der Ökologie der Erde große Lücken entstanden. Eine Vielzahl von Säugetieren des Paläogens paßte sich allmählich an die Lebensräume an, die vorher die Reptilien des Mesozoikums innehatten. Die Spezialisierung betraf vor allem Zähne und Gliedmaßen, und obwohl das Paläogen als Zeitalter der archaischen Säugetiere bezeichnet wird, läßt sich die Entwicklung der meisten heute lebenden Säugetiere bis in diese Periode zurückverfolgen.

Selbst die Entwicklung des Menschen kann bis zum Auftreten primitiver Primaten im Paläogen zurückverfolgt werden. Diese Primaten waren lebhafte, auf Bäumen lebende Säugetiere mit gutem Sehvermögen. Sie hatten Greiffinger und Gelenke, die Drehungen der Gliedmaßen ermöglichten. Da die Jungtiere sich sehr langsam entwickelten, mußten sie nach der Geburt von den Eltern betreut werden. Ihr Körperbau und ihre Lebensweise begünstigten die Entwicklung höherer Intelligenzstufen.

Ungefähr die Hälfte der Ordnungen der heute lebenden Vögel läßt sich bis ins Paläozän und Eozän zurückverfolgen, einem Zeitabschnitt, der vom Ende der Kreidezeit bis vor etwa 40 Millionen Jahren dauerte. Zu dieser Zeit herrschte in großen Teilen von Nordamerika und Europa ein tropisches Klima. Der Atlantische und der Indische Ozean bildeten sich, und die Rocky Mountains entstanden. Die meisten fossilen Vögel aus dieser Zeit gehören zur Ordnung Carinatae oder „Kielbrustvögel" (Seite 88—89), das heißt, sie besaßen den zum Fliegen notwendigen keilförmigen Brustbeinkamm (Carina).

Aus dem Paläogen stammen die ersten Fossilien von Gavialen (sie bilden eine Familie der heute lebenden Krokodile).

Die meisten der modernen Vögel mit dem keilförmigen Brustbeinkamm gab es bereits während des Oligozäns, das vor ungefähr 40 Millionen Jahren begann und vor 25 Millionen Jahren endete. Das Oligozän war ein warmer, trockener Zeitabschnitt, in dem sich weitere Gebirge bildeten, und an die Stelle von Wäldern grasbedeckte Ebenen traten. Die Säugetiere spezialisierten sich stärker, und den heutigen ähnlichere Arten entwickelten sich.

Tiere des Neogens

Das Miozän begann vor ungefähr 25 Millionen Jahren und endete vor 7 Millionen Jahren. Die Alpen und der Himalaja bildeten sich. Im Miozän gab es besonders viele Arten von Säugetieren, darunter die größten, die je lebten. Ungefähr 40 Prozent der Vögel des Miozäns gehörten zu den heute noch lebenden Gattungen.

Während des Pliozäns, das vor ungefähr 2 Millionen Jahren endete, verlangsamte sich die Gebirgsbildung und auf der Erdoberfläche wurde es ruhiger. Das Klima war kühler als im Miozän, aber immer noch wärmer als heute. Über 70 Prozent der Vogelgattungen des Pliozäns sind noch heute vorhanden.

Während die Abstammung aller „Kielbrustvögel" bis ins Paläozän zurückverfolgt werden kann, stammen die ältesten Fossilien von „Flachbrustvögeln" (Ratitae) aus dem Pliozän. Den „Flachbrustvögeln" fehlt der keilförmige Brustbeinkamm; sie können nicht fliegen. Daß es keine älteren Fossilien von „Flachbrustvögeln" gibt, könnte daran liegen, daß sie im Landesinneren gelebt haben. Die Wahrscheinlichkeit, daß Tiere versteinern, ist an den Küsten wesentlich größer als im Binnenland.

Im Pleistozän gab es mehrere Eiszeiten, darunter vier schwere. Die letzte endete vor etwa 10 000 Jahren und markiert den Beginn des Holozäns, in dem wir heute leben. Die Eiszeiten wirkten sich auf das Tier- und Pflanzenleben aus — die Zahl der Arten verringerte sich und Lebensräume wurden eingeschränkt.

KLASSE AVES · *Vögel*

Diatrymiformes

Während des Eozäns entwickelte sich in Nordamerika und Europa eine Reihe großer, flugunfähiger, fleischfressender Vögel, die mit den ständig zahlreicher werdenden Säugetieren konkurrieren mußten. *Diatryma* war ein 2,2 Meter großer Raubvogel, der im frühen Eozän im heutigen US-Staat Wyoming lebte. Überreste von Diatrymiformes aus späterer Zeit wurden nicht gefunden. Wegen ihrer möglichen Verwandtschaft zu den Rallen werden die Diatrymiformes oft zur Ordnung der Kranichvögel (Gruiformes) gezählt.

Diatryma

Phororhacos

Während fast des gesamten Känozoikums bestand zwischen Nord- und Südamerika keine Landverbindung. Da es auf dem südlichen Kontinent keine großen Säugetiere gab, konnten sich mächtige flugunfähige, fleischfressende Vögel entwickeln. Sie werden den Kranichvögeln zugeordnet und sind wahrscheinlich eng mit den Seriemas (Familie Cariamidae) verwandt. *Phororhacos* war ungefähr 1,6 Meter groß und hatte einen 46 Zentimeter langen Schädel.

Phororhacos

Cariama

Falconiformes
Neuwelt-Geier, Greifvögel

Strigiformes
Eulen

Piciformes
Spechte, Tukane

KLASSE AVES · *Vögel*

Neognathae

Kennzeichnend für die „Kielbrustvögel" (Carinatae) sind Vorrichtungen, die ihnen das Fliegen ermöglichen. Dazu gehört die Carina, der große keilförmige Brustbeinkamm, an dem die wichtigsten Flugmuskeln verankert sind.

Die Hauptschwungfedern sind an den Handknochen angewachsen, zu denen einige Handwurzelknochen und drei Finger gehören. Die kleineren Schwungfedern gehen von der Elle im Unterarm aus.

Die größeren Knochen sind fast alle hohl und enthalten nur wenig Knochenmark. In vielen Knochen befinden sich kleine Luftsäckchen, die mit der Lunge in Verbindung stehen und den Gasaustausch im Blut beschleunigen.

Die Augen der Vögel sind höher entwickelt als die der Säugetiere und außerdem, je nach der Lebensweise des Vogels, vielfach spezialisiert.

Die Größenskala der heute lebenden „Kielbrustvögel" reicht von winzigen, nur etwa 2,5 Zentimeter langen Kolibris bis zum Kondor mit einer Flügelspannweite von 3,7 Metern. Unter den fossilen Arten gab es allerdings noch größere Exemplare.

Sphenisciformes
Pinguine

Cuculiformes
Kuckucke, Erdkuckucke

Galliformes
Fasane, Hühner

Gaviiformes
Seetaucher

Columbiformes
Tauben

Trogoniformes
Trogons

Coraciiformes
Racken, Nashornvögel,
Eisvögel

Psittaciformes
Papageien

Passeriformes
Sperlingsvögel

Apodiformes
Kolibris, Segler

Caprimulgiformes
Ziegenmelker,
Nachtschwalben

Coliiformes
Mausvögel

Pelecaniformes
Pelikane

Charadriiformes
Möwen, Alken, Watvögel

Gruiformes
Kraniche, Rallen

Ciconiformes
Reiher, Störche, Flamingos*

Procellariiformes
Albatrosse, Sturmvögel

Anseriformes
Enten, Gänse,
Schwäne

Podicipediformes
Lappentaucher

*Flamingos werden manchmal in der Ordnung Phoenicopteriformes zusammengefaßt.

KLASSE AVES · *Vögel*

Paleognathae

Viele Wissenschaftler fassen die Steißhühner mit den heute lebenden „Flachbrustvögeln" (Strauße, Nandus, Emus, Kasuare und Kiwis) und ihren ausgestorbenen Vorgängern (Madagaskarstrauße und Moas) in der Überordnung Paleognathae zusammen.

Steißhühner sind gedrungene Bodenvögel, die in Südamerika leben. Obwohl sie eine gewisse Flugfähigkeit besitzen, ähneln ihre Schädel doch denen der „Flachbrustvögel".

Wenn natürliche Feinde nicht vorhanden sind, entwickeln sich Vögel, die sich nur noch auf dem Boden fortbewegen, dort brüten und Nahrung suchen. Das kann dazu führen, daß die Flugfähigkeit

Dinornithiformes
(Moas)

Casuariiformes
(Emus und Kasuare)

Apterygiformes
(Kiwis)

ständig abnimmt. Die Wissenschaftler sind sich darüber einig, daß die „Flachbrustvögel" von fliegenden Vögeln abstammen, viele von ihnen bezweifeln jedoch, daß sie einen gemeinsamen Vorfahren haben. Sie sind der Meinung, daß die den „Flachbrustvögeln" gemeinsamen Merkmale eine normale Folge des Lebens am Boden und damit Konvergenzen sind.

Kiwis leben in Neuseeland und Emus in Australien. Kasuare sind in Neuguinea und Nord-Australien zu finden. Nandus leben ausschließlich in Südamerika, und Strauße gibt es heute nur noch in Afrika und Arabien; früher durchstreiften sie auch den Südosten Europas und Asien.

Aepyornithiformes
(Madagaskarstrauße)

Rheiformes
(Nandus)

Struthioniformes
(Strauße)

Tinamiformes
(Steißhühner)

GLOSSAR

Aasfresser Ein Tier, das Fleisch von Tieren frißt, die es nicht selbst erlegt hat. Auch verwestes Fleisch wird von Aasfressern gefressen.

Amphibien Lurche, z. B. Frösche und Molche, die in der Entwicklungsgeschichte zwischen Fischen und Reptilien stehen. Amphibien legen ihre Eier ins Wasser, die erwachsenen Tiere leben meist an Land.

Archosaurier Eine Reptil-Überordnung. Zu dieser Gruppe — den Großsauriern — gehörten Thecodontier, Dinosaurier, Pterosaurier und Krokodile.

Asiamerika Name der während der Kreidezeit bestehenden Landmasse, die sich aus dem westlichen Teil Nordamerikas und Teilen von Asien zusammensetzte.

Aves Die Wirbeltier-Klasse, der alle Vögel angehören.

Becken Das Knochengerüst, das zwischen den Beinen und der Wirbelsäule liegt. Nach der Form ihres Beckens werden Saurischier Echsenbecken-Dinosaurier und Ornithischier Vogelbecken-Dinosaurier genannt.

Beute Alle Tiere, die von Raubtieren als Nahrung gejagt oder getötet werden.

Bezahnung Art, Anzahl und Anordnung der Zähne.

biped Fortbewegung auf zwei Beinen.

Brückenechse Ein eidechsenähnliches Reptil, das auf Inseln vor der Küste Neuseelands lebt. Brückenechsen sind die letzten lebenden Angehörigen einer Ordnung, die mit Echsen und Schlangen nur entfernt verwandt ist.

Brustbeinkamm Bei flugfähigen Vögeln keilförmiger Auswuchs des Brustbeins, eines länglichen, flachen Knochens in der Mitte des Brustkorbs, der als Ansatzfläche des großen Brustmuskels dient.

Dentale Der Knochen des Unterkiefers, in dem die Zähne stecken. Bei den Säugetieren besteht der gesamte Unterkiefer nur aus einem Dentale.

Dinosaurier („Schreckliche Echsen") Der Name, den Sir Richard Owen für eine Gruppe von Reptilien benutzte, die heute die Ordnungen Saurischia und Ornithischia bilden. Außerdem einer der Namensvorschläge für eine neu einzurichtende Wirbeltierklasse, zu der Saurischier, Ornithischier und Vögel gehören würden.

Euramerika Name der während der Kreidezeit existierenden Landmasse, die aus Teilen von Nordamerika und Europa bestand.

Evolution Der Vorgang, bei dem sich die Merkmale einer Art über eine Reihe von Generationen hinweg verändern. Die ihrer Umwelt am besten angepaßten Tiere können überleben und so ihre Art erhalten.

Flachbrustvögel (Ratitae) Auf dem Boden lebende Vögel, die nicht fliegen können, weil ihnen der keilförmige Brustbeinkamm fehlt.

Fossilien Erhaltene Überreste von frühzeitlichen Lebewesen oder Beweise für ihre Existenz. Gewöhnlich lagern sich Sedimente auf dem organischen Material ab, das dann durch Minerale ersetzt werden kann.

Gabelbein Die gabelförmig zusammengewachsenen Schlüsselbeine der Vögel.

gemäßigtes Klima In Gebieten mit gemäßigtem Klima ist es weder sehr heiß noch sehr kalt.

Hominide Ein Mitglied der Familie, die nur aus der Gattung *Homo* (Mensch) besteht.

Kaltblütigkeit (Ektothermie) Abhängigkeit von einer äußeren Wärmequelle (der Sonne), um die Körpertemperatur zu erhöhen. Kaltblüter heißen daher auch wechselwarme Tiere.

Kielbrustvögel (Carinatae) Vögel, die einen keilförmigen Brustbeinkamm (Carina) besitzen, an dem die kräftigen Flugmuskeln ansetzen.

Knochenkamm Eine natürliche Verlängerung des Hinterkopfes, zum Beispiel bei einigen *Pteranodon*-Arten.

Kontinentalverschiebung Eine Theorie, derzufolge die Oberfläche der Erde aus mehreren voneinander unabhängigen Platten besteht und sich ständig verändert, da diese Platten (und die auf ihnen liegenden Landmassen) driften.

Konvergenz Der Vorgang, bei dem nicht miteinander verwandte Lebewesen ähnliche Merkmale entwickeln, die sie benötigen, um in derselben Umwelt zu überleben.

Mittelhandknochen Die Knochen der Hand zwischen Handgelenk und Fingern.

Muskelmagen Ein Vormagen oder Teil des eigentlichen Magens mit muskulösen Wänden, in dem die Nahrung, manchmal mit Hilfe geschluckter Steine, vorverdaut wird.

nachtaktiv Lebensnotwendige Aktivitäten wie zum Beispiel Jagen oder Nahrungssuche finden nur in der Nacht statt.

Nackenschild Bei den Ceratopsiern vorhandener Knochenfortsatz am Hinterkopf.

Nasenöffnungen Die Öffnungen an den Enden der Nasenhöhle. Es gibt innere und äußere Nasenöffnungen (Nüstern).

Nische Eine Funktion in der Lebensgemeinschaft, die von einem besonders gebauten Tier vollzogen wird.

Ornithischia Eine der zwei Dinosaurier-Ordnungen. Zu den Ornithischiern gehören mindestens vier Unterordnungen: Ornithopoda, Stegosauria, Ankylosauria und Ceratopsia. Ornithischier hatten ein vogelähnliches Becken und heißen daher auch Vogelbecken-Dinosaurier.

Paläontologe Ein Wissenschaftler, der sich mit Fossilien beschäftigt und versucht, prähistorische Tiere und Pflanzen zu rekonstruieren und ihre Lebensgewohnheiten und ihr Verhältnis zu anderen Lebewesen zu erforschen.

Pangaea Der Name der aus allen Kontinenten bestehenden Landmasse, die vor und zu Beginn der Triaszeit existierte.

Präadaption Die Eigenschaften eines Lebewesens, die ihm helfen, sich verändernden Umweltbedingungen schnell anpassen zu können.

Prädentale Ein Knochen, der vor den beiden Unterkieferknochen (Dentalen) liegt und die Kinnspitze bildet. Kommt nur bei Ornithischiern vor.

Primaten (Herrentiere) Die hinsichtlich der Intelligenz am höchsten entwickelte Ordnung der Landsäugetiere. Zu ihr gehören Menschen, Affen und Halbaffen.

quadruped Auf allen vieren stehen und laufen.

Rallen Kleine Watvögel, die mit den Kranichen verwandt sind.

Raubtiere Gruppe von Säugetieren, die andere Tiere jagen und sich von ihnen ernähren.

Reptilien Kriechtiere, die Eier legen und eine Schuppenhaut haben. Zu dieser Klasse zählen Eidechsen, Schlangen und Krokodile.

Röhrenknochen Bei einigen Vogelarten und vielleicht auch bei den Pterosauriern. In Röhrenknochen liegen Luftsäckchen, die von der Lunge mitversorgt werden.

Säugetiere Bringen lebende Junge zur Welt, die sie mit Milch ernähren. Alle Säugetiere mit Ausnahme der Beuteltiere und der Kloakentiere besitzen eine Plazenta, die die Jungen bis zur Geburt ernährt.

Saurischia Eine der beiden Dinosaurier-Ordnungen. Diese Ordnung besteht aus zwei Unterordnungen: Theropoda und Sauropodomorpha. Saurischier werden nach der Form ihres Beckens auch Echsenbecken-Dinosaurier genannt.

Schläfenöffnungen Öffnungen in den Schädelseiten hinter den Augen; auch Temporalöffnungen genannt. Die Einteilung der Klasse der Reptilien richtet sich nach dem Bau des Schädels und nach der Zahl der Öffnungen darin.

Schuppen In die Haut eingebettete Hornplatten.

Sediment Ablagerung von Sand, Schlick oder Geröll. Verfestigte Sedimente werden Sedimentgesteine genannt.

sekundärer Gaumen Der Knochen, der die Mundhöhle von der Nasenhöhle trennt.

Spezialisierung Ein Vorgang, bei dem sich Strukturen, Organe oder Lebewesen so entwickeln, daß sie bestimmten Funktionen angepaßt sind.

Stoffwechsel Chemische und physikalische Vorgänge, die im Körper eines Lebewesens mit unterschiedlicher Geschwindigkeit ablaufen — bei Kaltblütern langsamer, bei Warmblütern schneller und lebhafter.

Tetrapode Ein Wirbeltier mit vier Gliedmaßen. Tetrapoden sind Amphibien, Reptilien, Säugetiere und Vögel.

Warmblütigkeit (Endothermie) Die Fähigkeit, auf chemischen Wege im Körper selbst Wärme zu erzeugen.

Wirbel Die Knochen, aus denen sich die Wirbelsäule zusammensetzt.

Wirbeltiere Ein Tier mit einer Wirbelsäule (Unterstamm Vertebrata). Zur Gruppe der Wirbeltiere gehören Fische, Amphibien, Reptilien, Vögel, aber auch die Menschen.

Zahnbatterie Eine komplizierte Anordnung von oft ineinander verschachtelten Zähnen, die eine außerordentlich wirksame Einheit bilden.

Zahnhöcker Jede Erhöhung auf der Schneide oder Mahlfläche eines Zahns.

REGISTER

Die *kursiv* gedruckten Seiten-
zahlen verweisen auf
Abbildungen.